Chris & Liz Gore

Überfließen

W0095344

CHRIS & LIZ GORE

Überfließen

JEDEN TAG DIE FÜLLE DES HIMMELS ERLEBEN

GLORYWORLD-MEDIEN

1. Auflage 2016

© der deutschen Ausgabe 2016 GloryWorld-Medien, Xanten, Germany

Alle Rechte vorbehalten

Bibelzitate sind, falls nicht anders gekennzeichnet, der Elberfelder Bibel,
Revidierte Fassung von 1985, entnommen.

Weitere Bibelübersetzungen:

SLT: Schlachter 2000
NEÜ: Neue evangelistische Übersetzung, 2012
NGÜ: Neue Genfer Übersetzung, 2009
NLB: „Neues Leben. Die Bibelübersetzung", Holzgerlingen, 2002.

Das Buch folgt den Regeln der Deutschen Rechtschreibreform. Die Bibelzitate
wurden diesen Rechtschreibregeln angepasst.

Übersetzung: Elisabeth Mühlberger
Lektorat: Manfred und Janet Mayer
Satz: Manfred Mayer
Umschlaggestaltung: Kerstin & Karl Gerd Striepecke, www.vision-c.de
Foto: Photocase
Druck: CPI books GmbH, Leck

Printed in Germany

ISBN: 978-3-95578-311-2

Bestellnummer: 356311

Erhältlich beim Verlag:

GloryWorld-Medien
Beit-Sahour-Str. 4
D-46509 Xanten
Tel.: 02801-9854003
Fax: 02801-9854004
info@gloryworld.de
www.gloryworld.de
oder in jeder Buchhandlung

INHALT

WIDMUNG

Wir widmen dieses Buch unseren drei tollen Töchtern Charlotte, Emma und Sophie. Schon früh haben wir uns als Eltern dazu entschlossen, Opfer für unsere Kinder zu bringen, damit sie in ihrem Leben einmal erfolgreich sein könnten. Deshalb soll der ganze Erlös dieses Buches ihnen zugutekommen und ihnen die Ausbildung ermöglichen, die sie sich wünschen, ohne dass sie sich verschulden müssen.

Charlotte, Emma und Sophie, ihr seid wahrhaftig die Freude unseres Herzens. Obwohl ihr ganz unterschiedliche Persönlichkeiten, Begabungen und Berufungen habt, sind wir sehr stolz auf jede von euch.

Außerdem möchten wir uns bei Angie Wenstrom, Chris' persönlicher Assistentin, bedanken. Deine Hingabe und dein unermüdliches Engagement hat sehr zum Gelingen dieses Projektes beigetragen. Wir sind unendlich dankbar dafür, dass es dich gibt, und freuen uns, dass dein Strahlen, egal, was das Leben mit sich bringt, in allem weitergeht!

EINFÜHRUNG

Als einer, der im Heilungsdienst steht, habe ich das Vorrecht, Tausenden Menschen verschiedenster Kultur und Herkunft zu begegnen. Dabei ist mir Folgendes aufgefallen: So sehr sich die Kulturen auch voneinander unterscheiden, ist ihnen eine Sache dennoch gemeinsam, nämlich, dass die Menschen überall mit den Herausforderungen des Alltags konfrontiert sind.

Schon seit vielen Jahren ist es mir ein Herzensanliegen, dass Menschen Heilung erfahren und selbst dazu befähigt werden, andere zu heilen. Vielmehr noch wünsche ich mir, dass Menschen in jedem Aspekt ihres Lebens heil sind: geistlich, körperlich und emotional. Denn nur, wenn wir geistlich, körperlich und emotional heil sind, werden wir uns eines langen Lebens erfreuen können. Es beunruhigt mich sehr, wenn ich Menschen begegne, die keine Ahnung haben, wie sie ein starkes geistliches Leben führen können. Jesus sagte, er werde für eine siegreiche Braut zurückkehren. Ich möchte dazu beitragen, dass Menschen stark werden und wissen, wie sie sich geistlich ernähren können, damit sie in der Fülle des überfließenden Lebens wandeln können, von dem Jesus gesprochen hat.

Ich habe dieses Buch verfasst, da mir aufgefallen ist, dass viele Menschen ihr Leben auf Lügen aufbauen und dabei eine völlig falsche Vorstellung vom Herzen des Vaters haben. *Leben im Überfluss* ist in erster Linie ein praktisches Buch, das neben vielen ermutigenden Geschichten auch einige besondere geistliche „Leckerbissen" enthält, damit wir alle lernen können, aus dem Überfluss des Himmels heraus zu wirken.

Möge Gottes Gnade in jedem Bereich deines Lebens zunehmen, während du dich an der Güte eines liebenden Vaters erfreust.

Bleibt durstig, liebe Freunde,

Chris Gore

KAPITEL 1

Achte auf dein Fundament

Heutiger Bibeltext

Schreibe an den Engel der Gemeinde in Sardes: Der, bei dem die sieben Geister Gottes sind und der die sieben Sterne in seiner Hand hält, lässt der Gemeinde sagen: Ich weiß, wie du lebst und was du tust. Du stehst im Ruf, eine lebendige Gemeinde zu sein, aber in Wirklichkeit bist du tot. Wach auf und stärke, was noch am Leben ist, damit es nicht auch stirbt. Denn ich musste feststellen, dass das, was du tust, nicht vor meinem Gott bestehen kann. Erinnerst du dich nicht, wie bereitwillig du das Evangelium aufnahmst und auf seine Botschaft hörtest? Richte dich wieder nach meinem Wort und kehre um! Wenn du jedoch weiterhin schläfst, werde ich dich wie ein Dieb überraschen und zu einem Zeitpunkt kommen, an dem du nicht mit mir rechnest.

Offenbarung 3,1-3 (NGÜ)

In den letzten sechs Monaten habe ich über ein Thema nachgedacht, das vielen von uns nicht unbekannt ist, nämlich, wie wichtig es ist, dass wir auf unser Fundament achtgeben, sowohl, was unseren Charakter, als auch unser geistlichen Lebens angeht. Es kann leicht passieren, dass wir so beschäftigt sind, dass wir uns nicht mehr um die fundamentalen Dinge in unserem Leben kümmern und unser Fundament somit langsam Risse bekommt.

Man erzählt eine Geschichte über die Stadt Sardes, die eine der sieben Gemeinden in der Offenbarung war. Sardes lag hoch oben auf steilen Klippen und es war fast unmöglich, sie zu erklimmen. Aufgrund ihrer Lage dachten die Bewohner, ihre Stadt wäre uneinnehmbar. Sie hatten das Gefühl, dass kein fremder Eroberer je einen Krieg mit ihnen führen könnte, und sie wurden stolz, eingebildet, selbstsicher und selbstzufrieden.

Wegen ihrer hochnäsigen Einstellung kümmerten sie sich nicht mehr um ihre Fundamente und ihre Stadtmauern. Ihr Stolz und ihr übersteigertes Selbstvertrauen nahmen immer mehr zu, und sie bemerkten gar nicht, dass ihre Stadtmauern langsam Risse bekamen und verfielen. Am Fuße ihrer Mauern bildeten sich immer größere Klüfte. Anfangs waren die Risse klein und kaum sichtbar, doch im Laufe der Zeit wurden sie immer tiefer und breiter. Schließlich wurden die Klüfte in den Mauern so groß, dass ein Mensch leicht durch sie hindurchschlüpfen konnte. Dennoch bemerkten die Bewohner der Stadt nicht, dass sie nicht mehr geschützt waren.

Eines nachts, während die ganze Stadt Sardes schlief, erklommen die Feinde die Klippen und schlüpften durch die Klüfte. So wurde Sardes ohne jeglichen Widerstand einfach vom Feind besetzt.

Ich erzähle diese Geschichte nicht, um Angst zu erzeugen bzw. zur Zurechtweisung, sondern um unsere Aufmerksamkeit darauf zu richten, dass wir – selbst mitten in den gewaltigsten Durchbrüchen (die nicht notwendigerweise ein Gradmesser für unsere Beziehung zu Gott darstellen) – die kleinen „Risse" in unserem Charakter und unserem geistlichen Leben nicht unterschätzen sollten. Denn diese können mit der Zeit zu großen Klüften in unserem Fundament werden und schlussendlich zum Verlust unserer Sensibilität für den Geist Gottes führen.

Als ich mein Auto vor einigen Monaten zur Inspektion brachte, wurde ich darauf aufmerksam gemacht, dass der Kühler undicht war und repariert werden musste. Da ich gerade sehr viel zu tun hatte, vergaß ich die undichten Stellen, bis diese Löcher acht Monate später schließlich aufplatzten und meinen Motor ruinierten, was mich nun mehrere Tausend Dollar kostete. Dies hätte ich leicht verhindern können, wenn ich mir die Zeit genommen hätte, die kleinen Risse vorher reparieren zu lassen.

Persönliche Anwendung

1. Welches sind, wenn wir diese Geschichte zugrunde legen, die Fundamente, auf die ich mein Leben aufbaue?

2. Wie gut kümmere ich mich meiner Meinung nach derzeit um die Fundamente meines Lebens?

3. Wie kann ich meine Fundamente im Alltag praktisch schützen, damit der Feind nicht durch irgendwelche Risse eindringen kann?

4. Welche Schritte könnte ich unternehmen, damit mein Bewusstsein wächst, dass ich meine Fundamente schützen muss?

Proklamiere heute

Ich erkläre im Glauben, dass ich empfindsam für den Geist Gottes bin! Der Heilige Geist zeigt mir jeden Bereich meines Lebens, in dem ich eine Schwäche habe. Wenn der Heilige Geist zu mir spricht, werde ich gleich darauf achtgeben und unverzüglich gehorchen. Ich setze alles daran, jede Schwäche in meinem Charakter und meinem geistlichen Leben, die der Feind ausnutzen könnte, auszumerzen. Deshalb hat der Feind keinen Zugang mehr zu mir!

KAPITEL 2

Achte auf dich selbst

Heutiger Bibeltext

Darum, wer meint, er stehe, der sehe zu, dass er nicht falle!

1. Korinther 10,12 (SLT)

Der Apostel Paulus gab uns in dieser Bibelstelle eine Warnung. Die zwei Worte „meinen" und „stehen" stammen von den zwei griechischen Wörtern: *dokeo*[1], welches „denken, meinen, erwägen, scheinen" bedeutet, und *histemi*[2], welches u. a. „stehen, bleiben, anhalten" bedeutet.

Wenn wir jedoch die beiden griechischen Wörter wie Paulus in einem Satz zusammen verwenden, könnte die erste Vershälfte auch so heißen: „Darum, wer von sich selbst meint, dass er sicher und fest stehe ..."

Wenn der Apostel Paulus dann fortfährt und sagt: „*... der sehe zu, dass er nicht falle*", benutzt er das griechische Wort *pipto*[3], welches „*fallen*" oder „*verfallen*" bedeutet. Es kann auch „*untergehen, zerstört werden, vergehen*" bedeuten.

Das Wort, das Paulus hier benutzt, beschreibt eigentlich einen Sturz von einer vorher angemaßten, hohen und überheblichen Position. Folglich bedeutet dies nicht ein einfaches Stolpern, sondern einen Absturz, der zu einem bedauerlichen Zusammenbruch führt.

---

[1] Elberfelder Studienbibel mit Sprachschlüssel
[2] Elberfelder Studienbibel mit Sprachschlüssel
[3] Elberfelder Studienbibel mit Sprachschlüssel

Wenn wir diesen Vers so umstellen, wie ihn Paulus vermutlich gemeint hat, dann könnte er vielleicht folgendermaßen lauten: „Wenn jemand von sich denkt, er stehe fest und sicher, dann muss er ständig aufpassen und auf der Hut sein, dass er nicht strauchelt, stolpert oder von seiner übertrieben selbstbewussten Position fällt und im Sturzflug auf dem Boden landet."

Im letzten Kapitel haben wir gesehen, dass die Gemeinde in Sardes dieselbe Gesinnung hatte wie die übrigen Bürger der Stadt. In Offenbarung 3,1 sprach Jesus zu ihnen: *Ich kenne deine Werke: Du hast den Namen, dass du lebst, und bist doch tot.*"

In den vergangenen Jahren, in denen ich in meinem eigenen Wandel mit Jesus gereift bin, fiel mir auf, dass ich immer noch aufpassen muss, nicht selbstzufrieden zu werden, auch wenn meine Zuversicht, wer ich in ihm bin und wer er in mir ist, gewachsen ist. Wir können die Werke des Herrn tun und die gewaltigsten Wunder erleben, doch sollten wir uns immer daran erinnern, dass diese Wunder kein Beweis für die Tiefe unserer Beziehung zu Gott sind. Es ist so wichtig, dass wir auf der Hut bleiben und die Bereiche in unserem Leben, die es nötig haben, stärken, damit aus den Rissen keine klaffenden Löcher werden.

In Offenbarung 3,2 fährt Jesus fort: *Werde wach und stärke das Übrige, das im Begriff steht zu sterben; denn ich habe deine Werke nicht vollendet erfunden vor Gott.*" Ich liebe das Evangelium, da es Jesus immer am Herzen liegt, uns wiederherzustellen. Wenn es etwas an uns gibt, das zerbrochen, zersplittert oder rissig ist, dann zeigt er uns immer einen Weg zur Wiederherstellung auf. Manchmal brauchen wir auch „Erste Hilfe", doch können wir immer ins Leben zurückgeholt werden. Statt mich einem korrigierenden Eingriff unterziehen zu müssen, bevorzuge ich es jedoch, Vorsorgemaßnahmen zu treffen und die Dinge fortlaufend in Ordnung zu bringen, indem ich achtsam bleibe.

Ich fordere dich heute heraus, sorgfältig über dein Leben zu wachen und dich frühzeitig um eventuelle Risse zu kümmern, damit du keinen korrigierenden Eingriff brauchst.

Persönliche Anwendung

1. Frage Jesus: Gibt es eine oder mehrere potentielle Schwachstellen in meinem Leben, auf die ich achtgeben sollte?

2. Erinnere dich an einen Bereich in deinem Leben, der zerbrochen war, aber durch Gottes Gnade wiederhergestellt wurde.

Bete heute Folgendes

Bitte hilf mir, Herr, dass ich ständig achtsam bleibe und über mein geistliches Leben wache. Mir ist bewusst, dass ich mich so in die Arbeit stürzen kann, dass ich irrtümlicherweise annehme, ich sei stark. Hilf mir bitte, dass ich niemals eingebildet, überheblich, arrogant oder zu selbstsicher werde, sondern von der Zuversicht erfüllt bleibe, die vom Kreuz stammt. Ich bete, dass du mir jene Bereiche meines Lebens zeigst, wo Risse entstanden sind, damit ich wiederhergestellt werden kann. Heiliger Geist, mache mich immer empfindsamer für dich und zeige mir jeden Bereich meines Lebens, auf den ich achtgeben muss. Ich werde auf das hören, was du sagst, und dir gehorchen.

KAPITEL 3

Gefüllt bleiben

Heutiger Bibeltext

Und es entstand plötzlich vom Himmel her ein Brausen wie von einem daherfahrenden gewaltigen Wind und erfüllte das ganze Haus, in dem sie saßen ... Und sie wurden alle vom Heiligen Geist erfüllt.

Apostelgeschichte 2,2.4 (SLT)

Eines Nachmittags war ich draußen und reinigte das Filtersystem meines Schwimmbades. Versehentlich vergaß ich, dieses wieder in den Modus für Normalbetrieb zurückzusetzen. Als es sich dann um 22 Uhr automatisch einschaltete, fing das Schwimmbad an, Wasser hinauszupumpen. In nur 6 Stunden wurden fast 100.000 Liter Wasser in den Garten meines Nachbarn gepumpt!

Als ich am nächsten Tag aufwachte und aus dem Fenster sah, war ich schockiert, dass mein Schwimmbad nur noch halb voll war. Während ich mir noch den Kopf darüber zerbrach, was wohl falsch gelaufen war, sprach der Herr zu mir: „Dein Leben ist genau wie dieses Schwimmbad." Zuerst war ich verwirrt und fragte mich, was er mir damit wohl sagen wollte. Während ich draußen meinen katastrophalen Fehler begutachtete, hörte ich, wie der Herr zu mir sagte: „Ausfluss ohne Zufluss wird dazu führen, dass du ausbrennst."

Mein Schwimmbad ist so konstruiert, dass es am besten funktioniert, wenn es voll ist, da dann das Wasser die Seitenwände stützt. Bliebe es länger leer, würden die Wände früher oder später einfallen. Der Filter würde sich auch ohne Wasser einschalten, aber dann schnell kaputtgehen. Ist das Schwimmbad also halb oder komplett leer, treten bald ernsthafte Probleme auf, die gar nicht entstünden, wenn es gefüllt bliebe. Mein Schwimmbad besitzt auch eine automatische Auffüll-Funktion. Lässt die Sonne das Wasser verdunsten, wird es wieder randvoll aufgefüllt. In jener Nacht hatte ich versehentlich vergessen, diese Auffüllfunktion wieder zu aktivieren. Aber selbst wenn ich sie aktiviert hätte, wäre der Abfluss immer noch stärker gewesen als der Zufluss, sodass der Filter trotzdem beschädigt worden wäre.

Wir können nur hergeben, was wir vorher aufnehmen, und dennoch versuchen viele von uns, mehr zu geben, als sie tatsächlich empfangen. Das geht vielleicht einige Zeit lang gut, wird aber letztlich dazu führen, dass wir zusammenfallen und ausbrennen.

In der Bibel sehen wir, dass Gott es selten eilig hat. Man findet nur ein paar Stellen, wo Gott bzw. der Himmel sich beeilt. Die Geschichte vom Gebetstreffen im Obergeschoß in Apostelgeschichte 1 und 2 ist eines dieser Ereignisse:

Und als der Tag der Pfingsten sich erfüllte, waren sie alle einmütig beisammen. Und es entstand plötzlich vom Himmel her ein Brausen wie von einem daherfahrenden gewaltigen Wind und erfüllte das ganze Haus, in dem sie saßen (Apg 2,1-2 SLT).

Jesus will uns eigentlich jeden Tag mit seiner Gegenwart erfüllen! Wenn wir uns danach ausstrecken, zu empfangen, wird sich der Himmel tatsächlich beeilen, uns zu erfüllen und zu erfrischen. Es macht keinen Spaß, aus dem Mangel heraus zu geben; Jesus aus der Fülle unseres Überflusses an andere weiterzugeben, ist dagegen einfach.

Wenn dein Leben lange währen soll, dann stell sicher, dass deine automatische Auffüll-Funktion aktiviert ist und du dich täglich neu von Jesus füllen lässt.

Persönliche Anwendung

1. Nehme ich mir täglich Zeit und erlaube ich Gott bzw. dem Himmel, mir zu begegnen und mein Leben zu füllen?

2. Welche Schritte kann ich unternehmen, um sicherzugehen, dass mein Zufluss größer als mein Abfluss bleibt?

3. Wie kann ich mich effektiver danach ausstrecken, mich vom Himmel auffüllen zu lassen?

4. Wie kann ich mein Leben so umordnen, dass meine automatische Auffüllfunktion aktiviert bleibt?

Bete heute Folgendes:

Vater ich danke dir, dass sich der ganze Himmel danach sehnt, dass ich gefüllt bleibe. Ich danke dir, dass ich ein Gefäß bin, das empfangen kann. Ich entscheide mich, meine automatische Auffüllfunktion wieder zu aktivieren, damit der Himmel mich nicht nur füllt, sondern zum Überlaufen bringt und ich meinen Mitmenschen mehr weitergeben kann. Ich entscheide mich jetzt, von dir, dem guten Vater, zu empfangen, und glaube, dass du mir keinen Stein geben wirst, wenn ich dich als dein Kind um Brot bitte. Danke für die Gabe des Heiligen Geistes.

KAPITEL 4

Nichts im Königreich Gottes ist (zu) klein

Von Clement Sim (Praktikant bei Chris Gore im Jahr 2016)

Heutiger Bibeltext

Denn wer hat den Tag kleiner Dinge verachtet?

Sacharja 4,10

Als ich hörte, dass ich in der Schule für den Übernatürlichen Dienst in Bethel (BSSM) angenommen worden war, freute ich mich sehr auf diesen neuen Lebensabschnitt. Sobald ich jedoch herausfand, wie viel Geld ich dafür benötigen würde, bekam ich panische Angst und befürchtete das Schlimmste. Ich schätzte, dass sich die Kosten auf circa 15.000 Dollar belaufen würden. Damals hatte ich jedoch überhaupt kein Geld. Aber Gott sagte mir, ich solle meinen Freunden davon erzählen. Anfangs meldeten sich einige und gaben mir 50 Dollar. Doch anstatt dankbar zu sein, hielt ich diesen Betrag im Vergleich zu meinem unmöglichen Ziel für gering. Anfänglich konnte ich mich über den wenigen Samen überhaupt nicht freuen.

In solchen Momenten stehen wir vor der Entscheidung, entweder undankbar zu sein oder dankbar zu sein, auch wenn es nur ein kleiner Anfang ist. Als ich zu danken anfing, fingen mehr Leute an, mir etwas zu geben. Zunächst erhielt ich 100 $, dann 500 $ und danach gab mir ein großzügiger Freund sogar 2000 $. Was können wir daraus lernen? Wenn wir ein Geschenk von 50 Dollar nicht feiern können, wie können wir dann meinen, wir könnten feiern, wenn wir 2.000 Dollar bekommen? In unserem Leben gibt es nichts, was zu klein wäre, als dass wir nicht dafür dankbar sein könnten. Dankbarkeit kann so einfach sein, wie zum Beispiel für das Bett zu danken, in dem wir schlafen, und für die Mahlzeit, die wir essen, oder für die Sonne, an der wir uns erfreuen.

Nichts im Königreich Gottes ist unwichtig. Hier sind zwei Beispiele aus der Bibel: In Matthäus 13 sprach Jesus über das Senfkorn. Es ist das kleinste aller Samenkörner und kann dennoch zu einem großen Baum heranwachsen, in dem die Vögel nisten können. Auch wenn wir anhand des Samens den Baum nicht erkennen können, ist die DNA und das Potential des Baumes darin enthalten. Ich vermute, dass einige der Durchbrüche in unserem Leben in Form von Senfkörnern daherkommen. Wenn wir unseren Blick darauf richten, wie klein der Same ist und nichts damit tun, wird gar nichts passieren. Gehen wir jedoch mit Dankbarkeit mit diesem Samen um und schätzen ihn nicht gering, weil er so klein ist, kann er zu einem großen Baum werden.

Denke einmal über die Geschichte in Johannes 6 nach. Ein kleiner Junge hatte in der großen Menge eine kleine Mahlzeit bei sich. Jesus störte sich nicht daran, dass es lediglich fünf Brote und zwei Fische waren. Was tat er, als ihm diese kleine Mahlzeit gegeben wurde? Er nahm sie, sah zum Himmel auf, dankte dafür und brach die Brote. Ich glaube, dass er sich, während er zum Himmel aufsah, mit der überreichen Güte und Größe seines Vaters verband. Aus dieser Offenbarung heraus gab er Dank und hatte den Glauben für eine Vermehrung. Dieser kleine Anfang entwickelte sich schließlich zu einer überfließenden Vermehrung der Mahlzeit, nach der noch viel übrigblieb.

Nichts ist zu unbedeutend, als dass wir nicht dafür dankbar sein könnten, und kein Problem ist für den Vater, den Schöpfer des Universums, zu schwierig. Dankbarkeit vergrößert das Reich Gottes in unserem Leben.

Ich möchte dich dazu ermutigen, dich darauf zu konzentrieren, wie gut unser Vater im Himmel ist und wie viel größer er ist als alle unsere Nöte. Feiere die Dinge, die du in Samenform bereits besitzt, und erwarte, dass Gott das Übrige dazutut.

Persönliche Anwendung

1. Für welche Dinge kann ich heute dankbar sein?

2. Was sind die kleinen Anfänge von Durchbrüchen in meinem Leben, die Gott multiplizieren und vermehren kann?

3. Nehme ich mir die Zeit, um mir vor Augen zu halten, wie groß und gut mein Vater im Himmel ist?

4. Wie kann ich tagtäglich einen Lebensstil der Dankbarkeit führen?

Bete heute Folgendes

Vater, ich danke dir für jeden kleinen Anfang in meinem Leben. Ich glaube, dass jeder kleine Same in meinem Leben letztlich Frucht bringen wird und dass, wie bei den fünf Broten und zwei Fischen, noch viel übrigbleiben wird. Ich vertraue darauf, dass du für mich bist, und ich weiß, dass meine Durchbrüche kommen werden. Ich entscheide mich, dankbar zu sein für alles Gute, das bereits geschehen ist, und auch für alles Gute, das noch geschehen wird! Nichts kann mich davon abhalten, dir Dank zu geben.

Kapitel 5

Gib mir zu trinken

Heutiger Bibeltext

Da kommt eine Frau aus Samarien, um Wasser zu schöpfen. Jesus spricht zu ihr: Gib mir zu trinken!

Johannes 4,7

Diese Geschichte ist einfach bemerkenswert. Jesus und die Jünger waren unterwegs nach Galiläa. Auf dem Weg dorthin mussten sie durch Samarien reisen. Jesus war von der Reise müde und setzte sich an einen Brunnen. Er schickte die Jünger weg, um etwas zu essen zu holen. Unterdessen kam eine samaritanische Frau zu diesem Brunnen, um Wasser zu schöpfen. Er sagte zu ihr: *„Gib mir zu trinken!"*, und sie erwiderte: *Wie bittest du, der du ein Jude bist, von mir zu trinken, die ich eine samaritische Frau bin? – Denn die Juden verkehren nicht mit den Samaritern* (Joh 4,7.9).

Jesus bat sie, ihren Ehemann zu holen, worauf sie antwortete, sie habe keinen. Darauf erwiderte Jesus: *„Denn fünf Männer hast du gehabt, und der, den du jetzt hast, ist nicht dein Mann; hierin hast du wahr geredet"* (Joh 5,17). Der jetzige Mann war ihr sechster. Jesus war für sie somit die siebte und perfekte Begegnung mit einem Mann, die ihr Leben verändern sollte!

Der zweite Schluss, den ich daraus ziehen möchte, ist Folgender: Jesus war derjenige, der in dieser Geschichte hungrig und durstig war. Er hatte die Jünger weggeschickt, um etwas zu essen zu holen, und bat die Frau um einen Schluck Wasser. Und dennoch war die einzige Person, die etwas zu trinken bekam, nicht Jesus, sondern die samaritanische Frau.

In der Zwischenzeit waren die Jünger zurückgekommen und baten ihn, etwas zu essen. Jesus hatte noch immer weder gegessen noch getrunken, und dennoch wandte er sich an die Jünger und sagte zu ihnen: *„Ich habe eine Speise zu essen, die ihr nicht kennt"* (Joh 4,32).

Manche Leute machen sich Sorgen, dass sie Jesus etwas wegnehmen könnten, und sind der Meinung, er habe nur ein bestimmtes Maß an Salbung, mit dem man sorgfältig umgehen müsse und das man wohlüberlegt austeilen sollte. Schon oft haben mich Leute um Gebet für einen ihrer Freunde gebeten und gesagt: „Er braucht es mehr als ich." Darauf antworte ich immer: „Jesus hat für alle genug!"

Heute möchte ich das Ende dieser Geschichte einmal etwas anders interpretieren. Ich möchte die Behauptung aufstellen, dass, wenn wir etwas von Jesus nehmen, auch er etwas bekommt. Je mehr wir von ihm nehmen, desto mehr freut er sich darüber und desto mehr bekommt auch er zu essen!

Persönliche Anwendung

1. Was kann ich dazu beitragen, dass auch Jesus satt wird?

2. Verhalte ich mich so, als habe Jesus nur ein bestimmtes Maß an Salbung?

3. Wie kann ich diese Woche ganz praktisch von Jesus empfangen?

Bete heute Folgendes

Jesus, ich danke dir, dass du dich freust, wenn ich von dir trinke. Bitte hilf mir dabei, dass ich von dir trinken kann, damit ich erfrischt werde und es auch bleibe. Danke, dass es für alle immer genug gibt und dass ich nicht zu kurz kommen werde, wenn ich meinen Anteil mit jemand anderem teile. Danke, dass du nicht ein Gott bist, der nur gerade genug gibt, sondern dass du die Fülle bist und mehr als genug gibst. Du bist derjenige, der etwas bekommt, wenn ich von dir nehme. Ich bin ein Gefäß, durch das dein Lebensstrom fließen kann.

KAPITEL 6

Hungrig bleiben

Heutiger Bibeltext

Er zählte darauf, dass Gott imstande ist, auch aus den Toten aufzuerwecken, weshalb er ihn auch als ein Gleichnis wieder erhielt.

Hebräer 11,19 (SLT)

Geistlicher Hunger und Dankbarkeit sind zwei Seiten derselben Medaille. Geistlich hungrig zu bleiben, ist ein wesentlicher Teil unserer Bestrebungen, mit Gott erfüllt zu bleiben und im Überfluss des Himmels zu leben.

Eine meiner liebsten Geschichten im Alten Testament ist die Geschichte von Abraham und Isaak. Zum einen, da wir in der Person Isaaks eine Vorahnung auf Jesus bekommen, und zum anderen, weil Abraham ein Mann war, der sich nie mit der Dankbarkeit über den Status quo begnügte. Er strebte fortwährend danach, alle Dinge zu bekommen, die Gott für ihn bereithielt, sogar wenn er dafür seine Annehmlichkeiten aufgeben musste.

Wenn wir uns lediglich mit Dankbarkeit zufriedengeben – so wichtig Dankbarkeit auch ist –, werden wir letztlich in Selbstzufriedenheit verharren. Genauso verhält es sich, wenn wir lediglich geistlich hungrig, jedoch nicht dankbar sind. Dann werden wir nur frustriert werden und schließlich verzweifeln, und dies führt letztendlich zu Unglaube und zu Fruchtlosigkeit.

Geistlicher Hunger gepaart mit Dankbarkeit ist jedoch eine dynamische Mischung. Von Abraham ist nicht bekannt, dass er sich je an einem Ort wirklich niedergelassen hätte. Er strebte immer weiter vorwärts, über das Bekannte hinaus, hinein in das, was er weder kannte noch verstand. Wir alle kennen die Geschichte, in der Gott Abraham bat, Isaak zu opfern, und wie der Engel des Herrn ihn in letzter Sekunde davon abhielt. Abraham kannte das Ende der Geschichte nicht – und gehorchte dennoch. Laut Hebräer 11,19 kam Abraham zu dem Schluss, Gott könne seinen Sohn, auch wenn er ihn opferte, wieder von den Toten auferwecken. Denke einmal darüber nach: Niemand war bis zu jenem Zeitpunkt je von den Toten auferweckt worden. Abraham war bestimmt ein dankbarer Mann; er hatte jedoch auch geistlichen Hunger und Glauben für Dinge, die er noch nie erlebt hatte.

Persönliche Anwendung

1. Gibt es Bereiche in meinem Leben, in denen ich für das, was ich bereits erlebt habe, dankbar bin, aber den geistlichen Hunger nach dem, was noch nicht geschehen ist, verloren habe?

2. Um welche Bereiche des Unmöglichen kann ich mich bewusst bemühen, damit ich immer nach dem Unbekannten Ausschau halte?

3. Studiere das Leben von Isaak und entdecke die vielen Ähnlichkeiten zwischen Jesus und Isaak.

4. Nimm dir Zeit, von Durchbrüchen zu träumen, die du vielleicht noch nie in Betracht gezogen hast.

Bete heute Folgendes

Vater, ich danke dir, dass du der Gott des Durchbruchs bist. Ich danke dir, dass unmögliche Dinge vor mir liegen, damit ich erleben kann, wie sie sich dem Namen Jesu beugen. Hilf mir, mich nie mit den mir vertrauten Durchbrüchen in meinem Leben zufriedenzugeben und eine Herzenshaltung zu pflegen, die das Unbekannte erleben möchte.

KAPITEL 7

Eine wohlgenährte Seele

Heutiger Bibeltext

Und er bestimmte zwölf, die bei ihm sein sollten und die er aussandte, um zu verkündigen.

Markus 3,14 (SLT)

Georg Müller, der im 19. Jahrhundert lebte, war ein unglaublicher Missionar. Er ist weithin bekannt für seinen erstaunlichen Glauben und dafür, dass er mehr als zehntausend Waisenkinder versorgt hat. Es gab Zeiten, in denen er Hunderte von Waisen ernähren musste und keine Lebensmittel mehr hatte, und dennoch bat er nie um finanzielle Unterstützung. Er deckte einfach den Tisch und ließ im Glauben die Kinder am Esstisch Platz nehmen. Immer wieder erlebten sie, nachdem sie sich gerade hingesetzt hatten, dass es an der Tür klopfte und ein nicht bestelltes Essen geliefert wurde, das alle Kinder satt machte.

Als ich einmal einen Artikel über Georg Müller[1] las, traf mich eine Stelle darin ganz besonders. Er erklärte: „Ich studiere das Wort Gottes nie, um eine Botschaft zu bekommen, sondern um meine Seele zu nähren. Nur, wenn meine Seele genährt ist, kann ich auch meine Leute ernähren."

Auf meinen Reisen begegne ich vielen Leuten, die zu mir sagen: „Ich bekomme in meiner Gemeinde keine geistliche Nahrung, was soll ich tun?" Meine Antwort darauf ist immer Folgende: „Die

---

[1] aus „Soul Nourishment First – Pursuing Life Ministries" 2005. Johann Georg Ferdinand Müller (1805–1898) war ein deutscher evangelischer Theologe und Evangelist. Bekannt wurde er als „Waisenvater von Bristol" (wikipedia). Anmerk. d. Übers.

Aufgabe eines Hirten ist es, die Schafe zu führen, nicht, sie zu füttern. Lerne es, dich selbst zu ernähren."

Dies soll nicht heißen, dass wir am Sonntag in der Gemeinde keine geistliche Nahrung bekommen sollten, doch viele Gläubige ernähren sich nur einmal in der Woche. Wenn ich meinen Körper so ernähren würde wie manche Gläubige ihren Geist, dann würde ich wohl bald verhungern und sterben.

In Markus 3,14 sehen wir, dass Jesus die Jünger zuerst zu sich rief, damit sie bei ihm seien, und erst danach aussandte, damit sie die Kranken heilten. Beachte hier, dass es ihre oberste Priorität war, bei ihm zu sein. Von hier aus sandte er sie, die Kranken zu heilen. Manchmal sind wir so beschäftigt, etwas für Gott zu tun, dass wir das Herzstück des Evangeliums vergessen, nämlich, zuerst bei ihm zu sein. Den meisten von uns wurde beigebracht, das Wichtigste des Evangeliums sei, Jesus weiterzugeben. Ich möchte jedoch behaupten, dass es das Wichtigste des Evangeliums ist, zu lernen, wie man sich selbst von ihm ernähren kann.

Ich fliege mehr als hundertmal im Jahr, doch egal, mit welcher Fluggesellschaft ich fliege, es gibt etwas, was sich auf jedem Flug wiederholt. Vor dem Start werden die Notfallmaßnahmen erklärt und das hört sich dann etwa so an: „Im Notfall wird eine Sauerstoffmaske vor ihnen herabfallen. Wenn sie mit einem Kind reisen, ziehen sie zuerst ihre eigene Maske an, dann helfen sie dem Kind."

Obwohl dies egoistisch anmutet, ist es meiner Meinung nach alles andere als egoistisch. Wenn wir uns zuerst um andere kümmern, statt uns vorher um uns selbst gekümmert zu haben, können wir dabei sterben und können dann niemandem mehr behilflich sein.

Lerne es, *jeden Tag* geistliche Nahrung zu dir zu nehmen, nicht nur sonntags. Eine Möglichkeit dazu ist, aufbauende Podcasts oder YouTube-Botschaften anzuhören. Eine andere, sehr offensichtliche Möglichkeit der Selbstversorgung ist natürlich, sich vom Wort Gottes zu ernähren. Georg Müller war bekannt für seine Liebe zum Wort Gottes und er sah es immer als oberste Priorität an, seinen inneren Menschen zu nähren. Wie sonst hätte er genug Glauben haben und fortwährend darauf vertrauen können, dass die Waisen unter seiner Obhut versorgt werden würden, wenn nicht dadurch, dass er mit Gott verbunden blieb, indem er sich selbst von ihm ernährte?

Persönliche Anwendung

1. Wie kann ich mir Zeit freihalten, um mich selbst zu ernähren?

2. Welche praktischen Schritte kann ich unternehmen, um besser für die Ernährung meiner Seele zu sorgen?

3. Welche aufbauenden Podcasts, YouTube-Botschaften, Bücher oder andere Ressourcen könnten mir dabei helfen?

4. Was kann ich tun, um mich selbst daran zu erinnern, die Gemeinschaft mit Gott zu pflegen und täglich Zeit im Wort Gottes zu verbringen?

Bete heute Folgendes

Vater, ich danke dir, dass ich eine Freundschaft mit dir pflegen kann. Danke, dass ich dein Freund / deine Freundin bin und dass ich für deine Liebe nicht arbeiten muss. Danke, dass ich von dir geliebt bin und nicht mehr geliebt werden kann, als ich es bereits bin. Zeige mir, wie ich es zu meiner obersten Priorität machen kann, meinen Geist zu nähren und zu pflegen. Ich erkläre, dass ich für den Geist Gottes offen bin und dass ich dein Freund / deine Freundin bin.

KAPITEL 8

Du wurdest zuerst geliebt

Heutiger Bibeltext

Einer von seinen Jüngern, den Jesus liebte, lag zu Tisch an der Brust Jesu.

Johannes 13,23

Diese Bibelstelle bringt mich zum Lachen. Wer war es nochmals, der an der Brust Jesu zu Tisch lag? Es war Johannes. In welchem Buch finden wir diese Stelle? Im Johannesevangelium. Wer hat dieses Buch geschrieben? Johannes natürlich! Hier schreibt Johannes also über sich selbst. Wir können nur darüber spekulieren, ob die anderen Jünger glaubten, Jesus würde Johannes mehr lieben als sie. Wir wissen jedoch, dass dies nicht der Fall war. Dennoch möchte ich die Behauptung aufstellen, dass Johannes eine Offenbarung darüber hatte, dass er geliebt war, und dies gab ihm ein Gefühl von Sicherheit.

Der obige Vers ist ein Auszug der Ereignisse während des letzten Abendmahls. Alle Jünger waren damals im Obergemach anwesend und Petrus drehte sich zu Johannes hin und gab ihm einen Wink, er solle Jesus fragen, wer es wohl sei, der ihn verraten werde. Und Johannes tat dies auch. Ich habe mich immer darüber gewundert, warum Petrus Jesus nicht einfach selbst fragte. Womöglich konnte er nicht nah genug an Jesus herankommen, da Johannes zwischen ihnen saß. Vielleicht war der wahre Grund jedoch, dass Jesus nur denen Geheimnisse anvertraut, die nahe an seinem Herzen sind.

In jener Nacht, als Jesus von allen Jüngern verlassen wurde, war Johannes der einzige, der zurückkam, um bei Jesus am Fuße des

Kreuzes zu bleiben und ihm zu dienen. Da er sich darauf konzentrierte, wie sehr er geliebt war, war Johannes wohl der Einzige, der sich von seinen Verdammungsgefühlen über sein Versagen
lösen und zurückkehren konnte, um Jesus in der Zeit seiner größten Not zu dienen.

Häufig tun wir Dinge, um Liebe zu bekommen, da uns nicht
bewusst ist, wie sehr wir jetzt schon geliebt sind. Wir können nicht
noch mehr geliebt werden, als wir es jetzt schon sind!

Gott liebt uns sogar in der Stunde unseres größten Versagens.
In 1. Johannes 4,10 (SLT) steht: *„Darin besteht die Liebe – nicht
dass wir Gott geliebt haben, sondern dass er uns geliebt hat ..."*

Lass dein Glaubensfundament auf der Wahrheit ruhen, wie
überschwänglich du von ihm geliebt wirst. Lass deine Liebe zu ihm
ein Ausfluss seiner Liebe zu dir sein. In 1. Johannes 4,19 (SLT) heißt
es: *„Wir lieben ihn, weil er uns zuerst geliebt hat."* Hör auf, dir
seine Liebe und Anerkennung verdienen zu wollen und konzentriere dich darauf, wie sehr du schon jetzt von deinem unglaublich
tollen himmlischen Papa geliebt und angenommen bist!

Persönliche Anwendung

1. Wie sehr fühlst du dich – auf einer Skala von 1 bis 10 (10 ist
   dabei das Höchste) – von Gott geliebt?

2. Wenn du heute mit Jesus dein Abendessen einnehmen würdest,
   würdest du dich wohl dabei fühlen, dich an seine Brust zu leh-
   nen?

3. Nimm dir jetzt einen Moment Zeit und bitte Jesus, dir zu zeigen, wie sehr er dich liebt, und höre auf das, was er zu dir sagt.

Bete heute Folgendes

Vater ich danke dir, dass du ein so unglaublich liebevoller Papa bist. Ich danke dir, dass du schon viele Tausende Jahre lang, bevor ich geboren wurde, von mir geträumt und mich geliebt hast. Ich danke dir, dass du mich mit einer vollkommenen Liebe liebst, und dass du selbst an meinen schlechtesten Tagen mich liebst und mir nachgehst. Führe mich in eine noch größere Begegnung mit deiner Liebe und Güte und hilf mir, dass ich ganz auf deiner vollkommenen Liebe und Annahme gegründet bin. Hilf mir, aus deiner Liebe heraus auch dich zu lieben. Danke Jesus!

KAPITEL 9

Ehre und verherrliche ihn als Gott

Heutiger Bibeltext

Denn obgleich sie Gott erkannten, haben sie ihn doch nicht als Gott geehrt.

Römer 1,21 (SLT)

Der Römerbrief ist ein Buch, das voll der Kraft und Gnade Gottes ist. Römer 1,21 hört sich zwar ziemlich negativ an, aber wenn wir uns die gegenteilige Bedeutung dieser Aussage anschauen, dann werden wir einen großen Schatz heben. Was bedeutet das Wort „ehren" in diesem Vers genau? In der Bibel können die Worte verherrlichen, ehren, preisen und anerkennen eigentlich untereinander ausgetauscht werden.[1] Sie bedeuten nämlich dasselbe.

Wenn wir unsere Augen statt auf unsere derzeitige Lebenssituation mit Lobpreis und Danksagung auf den Herrn richten, dann verherrlichen und erheben wir Gott. Uns wird dann mehr bewusst, wer er wirklich ist. Wir machen dann in Wirklichkeit Gott in unserem Bewusstsein „größer" als das Problem, mit dem wir es gerade zu tun haben.

Der Psalmist David sagt in Psalm 34 (SLT): *„Erhebt mit mir den Herrn und lasst uns miteinander seinen Namen erhöhen!"* Wir können ihn nicht noch größer machen als er bereits ist, aber mit Sicherheit können wir unsere Perspektive, wie groß er wirklich ist, ändern. Wenn wir den Herrn erheben, dann kommen die Probleme in unserem Leben an ihren rechtmäßigen Platz, nämlich unter

---

[1] Elberfelder Studienbibel mit Sprachschlüssel.

die Füße Gottes. Gott ist größer als jedes Problem bzw. jeder Berg, dem ich bisher begegnet bin.

Falls dir etwas begegnet, das wie ein Berg der Krankheit aussieht, dann beginne damit, Gott als deinen Heiler zu ehren, zu erheben und ihm dafür zu danken. Falls sich die Berge finanzieller Probleme und des Mangels vor dir auftürmen, dann beginne, Gott als deinen Versorger zu ehren, ihn zu erheben und ihm zu danken. Falls dich der Kummer plagt, weil manche dir nahestehende Menschen den Weg mit Gott nicht gehen, dann beginne Gott als den Wiederhersteller und Retter zu ehren, ihn zu erheben und ihm zu danken. Wenn du dich auf Gottes Unermesslichkeit konzentrierst und ihn ehrst, erhebst und ihm dankst, werden die Berge der Krankheit, der finanziellen Probleme oder persönlicher Verluste zu kleinen Hügeln schrumpfen.

Wenn du deine Aufmerksamkeit ihm anstatt dem Problem gibst, dann wird sich die Angst vor Mangel und Verlust in Nichts auflösen. Jedes Hindernis, dem du begegnest, wird dann auf übernatürliche Weise von der Stärke, Weisheit und Gnade Gottes überwunden werden.

Ich habe in meinem Leben schon vielen Situationen erlebt, in denen mich die Umstände völlig überwältigten. Dies diente mir immer als klarer Hinweis, dass ich meinen Blick von der Lösung abgewandt und somit das Problem größer als Jesus, den Er-Löser, gemacht hatte! Wenn ich meine Aufmerksamkeit dann wieder darauf richte, Gott zu ehren, zu erheben und ihm für alles, was er für mich gerade tut und getan hat, zu danken, dann können mein Herz und mein Denken wieder erkennen, wie groß mein Gott ist und wie klein mein aktuelles Problem wirklich ist.

Persönliche Anwendung

1. Welche Herausforderungen in meinem Leben habe ich zu wichtig genommen, anstatt Gott zu ehren?

2. Wie kann ich mein „Vergrößerungsglas" vom Problem weg und auf die Lösung richten? Nenne zwei praktische Möglichkeiten.

3. Gibt es jemanden in meinem Leben, der mich regelmäßig daran erinnern kann, dass ich Gott erhebe anstatt der Hindernisse, die mir begegnen? Sprich so bald wie möglich mit dieser Person darüber und mache einen Vorschlag, wie das praktisch aussehen kann.

Bete heute Folgendes

Vater, danke, dass du die Lösung für jede Situation bist. Danke, dass dir nichts zu schwierig ist. Es gibt keine Situation, die größer ist als du. Du bist der Gott, der mehr als genug hat. Du hast das Universum durch deine Worte geschaffen. Nichts kann dich überraschen. Du bist vertrauenswürdig und ich entscheide mich jetzt, meine Aufmerksamkeit auf dich alleine zu richten.

KAPITEL 10

Königliche Botschafter für Christus

Heutiger Bibeltext

So sind wir nun Botschafter für Christus.

2. Korinther 5,20

Du hast eine fantastische Aufgabe im Königreich Gottes. Sie ist tatsächlich sehr geschätzt, gefeiert und hochrangig. Denn in Wirklichkeit hast du die ganze Unterstützung des Himmels auf deiner Seite, um dich zu schützen, zu verteidigen und dir zu helfen. Der Himmel wartet darauf, für dich in Aktion treten zu können, da du in dieser Welt ein Botschafter Christi bist.

Gemäß 2. Korinther 5,20 sind wir himmlische Botschafter bzw. Abgeordnete, die als Repräsentanten des Himmels auf den Planeten Erde gesandt wurden.

Keiner im Königreich ist für den Plan Gottes unwichtig. Genau genommen repräsentieren wir Jesus in der Welt um uns herum. Als Botschafter Christi haben wir das Vorrecht, in der delegierten Vollmacht und Autorität seines kostbaren Blutes zu wirken. Wir haben Zugang zu den Ressourcen des Himmels, welche uns als Unterstützung zur Verfügung stehen.

Wir sind nicht mehr Waisen, sondern wir sind in die Familie Gottes aufgenommen worden. Gott nennt uns nun Söhne und Töchter. So, wie ein Sohn oder eine Tochter den eigenen Vater vertreten kann, da sie denselben Familiennamen und die gleiche DNA besitzen, können wir unseren himmlischen Vater und seine Familie repräsentieren, weil wir zu seiner Familie gehören. Gott will uns nicht nur als Diener gebrauchen, sondern hat sich aus Liebe zu uns dazu entschieden, uns seine Autorität anzuvertrauen.

Das nächste Mal, wenn du dir unwichtig vorkommst, dann möchte ich, dass du einen Moment innehältst und dir Zeit nimmst, um darüber nachzudenken, wer du in Jesus Christus wirklich bist. Du bist in ihm und er ist in dir. Du bist ein königlicher Botschafter, der den König der Könige repräsentiert und die Vollmacht und Ressourcen des Himmels hinter sich hat.

Persönliche Anwendung

1. Sehe ich mich selbst als Botschafter für Christus?

2. Was tut ein erfolgreicher Botschafter? Wie kann ich so vorbildlich handeln, wie dies ein erfolgreicher Botschafter für Christus tun würde?

3. Sehe ich mich selbst als Sohn/Tochter und als Prinz/Prinzessin Gottes?

4. Bitte Jesus, dir ein Bild zu zeigen, das beschreibt, wer du in seinen Augen bist, sei es als Botschafter oder auch als Sohn/Prinz bzw. Tochter/Prinzessin Gottes. Zeichne bzw. male, was er dir zeigt.

Bete heute Folgendes

Ich danke dir Vater, dass ich nicht länger eine Waise bin. Ich bin ein Sohn / eine Tochter Gottes. Somit bin ich ein Botschafter des Himmels, der Jesus Christus vertritt. Danke, dass ich eine wichtige Aufgabe im Königreich Gottes habe, indem ich dich repräsentiere und dabei ich selbst bleibe. Deshalb öffne ich dir mein Herz und erinnere mich daran, dass ich ein Botschafter des Königs höchstpersönlich bin. Ich bin von königlichem Geschlecht. Ich bin ein Prinz / eine Prinzessin des Königs. Danke, dass du in mir lebst und ich in dir.

KAPITEL 11

Du bist kein Opfer

Heutiger Bibeltext

Er hat die Herrscher und Gewalten völlig entwaffnet und vor aller Welt an den Pranger gestellt. Durch das Kreuz hat er einen triumphalen Sieg über sie errungen.

Kolosser 2,15 (NEÜ)

Wir sind keine Opfer! Durch das Blut Jesu sind wir Sieger! In den letzten Kapiteln der Bibel kannst du nachlesen, dass wir siegen werden. Durch Jesu Tod am Kreuz und seine glorreiche Auferstehung von den Toten sind die Mächte der Hölle schon längst besiegt. Wir müssen diese Wahrheit verstehen. Den dämonischen Mächten der Hölle wurde rechtmäßig ihre Autorität entzogen und sie sind bereits besiegt. Du bist kein schwacher, wehrloser Christ, der gerade lernt, mit den Angriffen des Teufels zurechtzukommen. Du bist kein Christ, der ums Überleben kämpft. Nein, du kannst aufblühen, erfolgreich sein und die Werke des Teufels zerstören! Durch die Kraft seines Blutes hat Jesus den Sieg schon errungen.

Wenn es in Kolosser 2,15 heißt, dass Jesus über die Kräfte des Bösen triumphiert hat, dann wird dort ausdrücklich erwähnt, dass er *„die Herrscher und Gewalten völlig entwaffnet"* hat. Als Jesus mit den dämonischen Mächten fertig war, waren diese vollkommen ausgeraubt.

Satan ist keine Macht, die wir zu besiegen versuchen. Er ist bereits besiegt. Da wir uns jedoch häufig als Opfer fühlen und nicht wissen, wie wir unsere von Gott verliehene Autorität effektiv nutzen können, kann der Teufel illegal operieren und Menschen und die Schöpfung zerstören.

Mir ist bis heute noch kein Problem begegnet, das größer gewesen wäre als Jesus. Jesus raubte den Feind völlig aus, als er siegreich von den Toten auferstand. Wenn du dich im Spiegel betrachtest, dann lerne, dich selbst als jemanden zu sehen, dem schon jetzt der Sieg gehört. Du hast schon jetzt die nötige Autorität, den Feind unter deinen Füßen zu halten, genau dort, wo er auch hingehört. Durch das Blut Jesu bist du ein Sieger und kein Opfer!

Persönliche Anwendung

1. Gibt es Bereiche in meinem Leben, in denen ich den Feind unrechtmäßig gewähren lasse, und wo ich anfangen muss, meine von Gott gegebene Autorität, die ich als Sieger habe, auszuüben?

2. Gibt es eine Situation in meinem Leben, die mir zu groß und mächtig erscheint, als dass Jesus sie bewältigen könnte? Falls dem so ist, bitte Gott um seine Sichtweise dafür und gib diese Situation an ihn ab.

3. Welches Denkmuster, welche Wortwahl und Einstellung muss ich verändern, um mich wie ein Sieger und nicht wie ein Opfer zu verhalten?

Bete heute Folgendes

Vater, ich danke dir für das kostbare und mächtige Blut Jesu. Ich erkläre, dass ich durch dein Blut nicht länger ein Opfer bin, sondern der Sieger. Ich bin der Kopf und nicht länger der Schwanz. Ich bin dazu geschaffen worden, um siegreich zu sein und im Leben zu herrschen und zu regieren. Ich danke dir, dass der Feind keine Autorität über mein Leben hat und dass ich mich niemals mit einer Niederlage abfinden muss. Wenn ich in den Spiegel blicke, dann sehe ich jemanden, der schon jetzt siegreich ist. Ich habe schon jetzt die nötige Autorität, um den Feind unter meinen Füßen zu halten, dort, wo er auch hingehört. Danke, dass du mein Denken erneuerst und mich dazu befähigst, in jeder Situation siegreich zu sein.

KAPITEL 12

In Jesus Christus für Gott leben

Heutiger Bibeltext

Ich bin mit Christus gekreuzigt. Nicht mehr ich bin es, der lebt, nein, Christus lebt in mir.

Galater 2,19-20 (NGÜ)

Die Frage, die mir am häufigsten gestellt wird, ist: „Warum geschehen durch mich keine Wunder?" Ich liebe die Macht des Kreuzes, da Christus nicht nur „für uns", sondern „als uns" gestorben ist. Als wir von Neuem geboren wurden, wurden wir tatsächlich mit Jesus zusammen gekreuzigt. Das „Ich" in uns wurde mit ihm gekreuzigt. Unser „Ich" ist eigentlich tot, tot, tot, tot.

Das Beste daran ist jedoch, dass Christus in uns lebt! Wir wurden nicht nur mit Christus gekreuzigt, sondern sind auch wieder mit ihm auferstanden. Das „Ich" in uns ist gestorben und wurde als „wir" – er in uns und wir in ihm – wieder auferweckt. Die Antwort auf die Frage „Warum geschehen durch mich keine Wunder?" lautet also: weil es nicht um das „Ich" in dir geht, sondern um Christus, um 100% Christus in dir und doch 100% von dir. Als wir mit Christus vereint wurden, wurden wir zu einem „Wir" und waren nicht länger „Ich".

Viele von uns fragen sich, warum wir, nachdem wir doch von Neuem geboren worden sind, in unserem Leben immer noch mit Gebundenheit und Sünde zu tun haben. Der Grund dafür ist nicht, dass wir noch ein sündiges Wesen besäßen, sondern dass wir gelehrt wurden, wir hätten noch eines, und wir befänden uns noch im Prozess, der Sünde abzusterben.

Solange wir noch glauben, wir befänden uns im Prozess, der Sünde und unserem sündigen Wesen abzusterben, statt dass wir erkennen, dass wir für die Sünde tot sind, werden wir in Christus nicht lebendig sein. Wie können wir wie Jesus leben, wenn wir noch glauben, dass wir immer noch täglich sterben?

Eine Person, die glaubt, dass sie täglich stirbt, wird in Wirklichkeit aus diesem Glauben heraus sündigen. Hast du jemals gesehen, dass ein Toter aus seinem Sarg gestiegen ist und danach gesündigt hat? Die gute Nachricht des Evangeliums ist, dass wir nicht nur der Sünde abgestorben sind, sondern in Jesus Christus für Gott leben (vgl. Röm 6,11).

Persönliche Anwendung

1. Gibt es einen bestimmten Bereich in meinem Leben, in dem ich ein Problem mit Sünde habe? Was glaube ich über diese Sünde?

2. Glaube ich, dass es möglich ist, mein Leben als Christ zu leben, ohne dabei meine alte, sündige Natur auszuleben?

Proklamiere heute

Ich erkläre, dass ich mit Jesus gekreuzigt worden bin. Meine alte, sündige Natur ist tot und nicht länger ein Teil von mir. In Christus bin ich vollkommen lebendig. Ich wurde gänzlich neu gemacht. Ich wandle in Gerechtigkeit und Reinheit, da Jesus in mir lebt.

KAPITEL 13

Lass Probleme dein Feuer anfachen

Heutiger Bibeltext

Nur empört euch nicht gegen den HERRN! Und fürchtet doch nicht das Volk des Landes, denn unser Brot werden sie sein! Ihr Schutz ist von ihnen gewichen, und der HERR ist mit uns. Fürchtet sie nicht!

4. Mose 14,9

Während einer Heilungskonferenz kam jemand auf mich zu und sagte: „Es muss sehr einfach für dich sein, dein Feuer für den Herrn anzufachen, da du ja ständig Zeichen und Wunder siehst." Daraufhin antwortete ich: „Allerdings! Wenn ich ein Wunder erlebe, dann ist es, als würde Benzin auf mein Feuer gegossen, aber ich erlebe wahrscheinlich auch öfter, dass Menschen nicht geheilt werden." Wenn jemand geheilt wird, dann ist das Benzin auf mein Feuer, und wenn jemand nicht geheilt wird, dann ist das ebenso Benzin auf mein Feuer. Dennoch ist es bei den meisten von uns anders: Wenn wir vor Problemen oder drohenden Niederlagen stehen, kommt es vielen von uns so vor, als würde uns ein Kübel Eiswasser über den Kopf geschüttet.

Mir gefällt die Geschichte von Josua und Kaleb. Die Bibel lehrt uns, dass ein anderer Geist in ihnen war. Als die Oberhäupter der zwölf Stämme Israels in 4. Mose 13 ausgesandt wurden, um das Land auszukundschaften, kamen elf der Kundschafter mit einem schlechten Bericht zurück. Sie sagten: „*Das Land, durch das wir gezogen sind, um es zu erkunden, verschlingt seine Bewohner. Die Menschen, die wir dort gesehen haben, sind sehr groß. Sogar die Riesen, die Anakiter, haben wir gesehen*" (Verse 32-33, NLB).

Josua und Kaleb kamen jedoch mit einem guten Bericht zurück und riefen: *„Lasst uns nur hinaufziehen und es in Besitz nehmen, denn wir werden es gewiss bezwingen!"* (4. Mose 13,30). Des Weiteren mahnten sie in 4. Mose 14,9: *„Nur empört euch nicht gegen den HERRN! Und fürchtet doch nicht das Volk des Landes, denn unser Brot werden sie sein! Ihr Schutz ist von ihnen gewichen und der HERR ist mit uns. Fürchtet sie nicht!"*

Josua und Kaleb wiesen ebenso auf die Widrigkeiten hin, die vor ihnen lagen. Sie leugneten nicht, dass es Widerstände geben würde, betrachteten diese aber als „Brot". Wir können uns entweder über unsere Prüfungen und Enttäuschungen beklagen oder wir können uns von einem anderen Geist leiten lassen und sie als Brot betrachten, das unseren Glauben unterwegs stärkt.

Wenn wir uns beklagen, dann wird es häufig damit enden, dass wir uns im Kreis drehen. Liebe Leser, Anfeindungen, Prüfungen und Rückschläge werden kommen. Wie viel stärker wären wir jedoch, wenn wir unsere Widerstände und Probleme als Nahrung betrachten würden, die unseren Glauben und Wandel mit Gott stärkt? Ich möchte dich dazu herausfordern, dass du dein Feuer nicht nur von deinen Durchbrüchen, sondern auch von deinen Enttäuschungen anfachen lässt, damit du, egal, in welchen Umständen du dich befindest, immer am Brennen bist.

Persönliche Anwendung

1. Welchen Bericht erstatte ich, wenn ich mit einem Hindernis konfrontiert bin und es so aussieht, als würde mich dieses Hindernis daran hindern, dass sich die Verheißungen Gottes in meinem Leben erfüllen?

2. Welche praktischen Möglichkeiten gibt es, Probleme und Prüfungen in etwas zu verwandeln, das mich nährt und stärkt?

3. Wie kann ich mein Denken ändern, um wie Kaleb und Josua zu werden, die dem Bericht des Herrn Glauben schenkten.

Proklamiere heute

Ich erkläre heute, dass mich nichts daran hindern wird, dass sich Gottes Verheißungen für mein Leben erfüllen. Jede Situation und jeder Umstand, die wie ein Hindernis aussehen, werde ich überwinden! Wenn Gott mir das Land zuspricht, dann will ich glauben, dass es mir gehört. Ich entscheide mich dazu, jedes Problem und jeden Widerstand als Nahrung anzusehen, um meine Entschlossenheit zu stärken. Ich werde immer weiter vorangehen. Ich werde siegreich sein.

KAPITEL 14

Mit dem Blut bedeckt

Heutiger Bibeltext

Und Gott der Herr machte Adam und seiner Frau Kleider aus Fell und bekleidete sie.

1. Mose 3,21 (SLT)

Als Adam und Eva sündigten, wurden sie sich ihrer Nacktheit bewusst *„und sie banden sich Feigenblätter um und machten sich Schurze"* (1. Mose 3,7 SLT). In der Kühle des Tages wandelte Gott im Garten und suchte nach ihnen. Sie versteckten sich jedoch vor ihm und entzogen sich seiner Gegenwart.

Ein Schurz bedeckt nur den notwendigsten Teil der Blöße. Adam und Eva benutzten die Feigenblätter also, um sich teilweise zu bedecken. Das Feigenblatt stellt unsere Selbstgerechtigkeit dar. In ihrer Sünde versuchten sich Adam und Eva mit ihrer Selbstgerechtigkeit zu bedecken. Doch egal, wie viel Selbstgerechtigkeit wir dazu benutzen, um uns zu bedecken, es wird nie genug sein.

Häufig versuchen wir uns in unserer Sünde vor Gott zu verstecken, indem wir uns in Selbstgerechtigkeit „kleiden", aber Gott möchte, dass wir so zu ihm kommen, wie wir sind. In 1. Mose 3,21 (SLT) traten Adam und Eva dann vor Gott und *„Gott der Herr machte Adam und seiner Frau Kleider aus Fell und bekleidete sie."*

Die Kleider stammten von dem Fell eines Tieres und man nimmt an, dass es sich dabei um ein Lamm handelte.

Um dem Lamm das Fell abzuziehen, musste viel Blut vergossen werden.

Gott nahm das Fell und bedeckte damit Adam und Eva. Sie wurden dabei entweder wortwörtlich oder bildlich mit dem Blut des Lammes bedeckt!

Gott lässt sich durch unsere Selbstgerechtigkeit bzw. durch unseren Versuch, unsere Sünde zu bedecken, nicht beeindrucken; das funktioniert einfach nicht. Lasst uns damit aufhören, es selbst zu versuchen und gestehen wir uns ein, dass wir nur aufgrund seiner Gerechtigkeit mit dem kostbaren Blut Jesu bedeckt sind und schuldlos und ohne Makel vor ihm stehen.

Ich frage mich, ob Jesus, als er in Markus 11,14 den Feigenbaum verfluchte, damit eigentlich die Selbstgerechtigkeit verfluchte. Wenn wir uns Gott ausliefern, dann werden wir mit seiner Gerechtigkeit bedeckt, was bei weitem die bessere Alternative ist als die Schurze aus Feigenblättern.

Persönliche Anwendung

1. Kleide ich mich in Selbstgerechtigkeit oder lasse ich zu, dass ich durch die Gerechtigkeit Jesu bedeckt werde? Wie kann ich damit aufhören, mich in Selbstgerechtigkeit zu kleiden und einfach die Gerechtigkeit Jesu annehmen?

2. Verstecke ich mich manchmal vor Gott, weil ich mich schäme? Wenn mir das wieder einmal passiert, was kann ich dagegen tun?

3. Suche dir ein Lied über das Blut Jesu und denke beim Zuhören darüber nach, was Jesu vergossenes Blut am Kreuz für dich errungen hat, und danke dabei Jesus für alles.

Proklamiere heute

Ich bin die Gerechtigkeit Gottes in Christus Jesus. Meine Sünden sind durch das Blut Jesu bedeckt. Jesus wurde für mich zur Sünde gemacht, damit ich die Gerechtigkeit Gottes würde in ihm (vgl. 2 Kor 5,21). Vor Gott bin ich rein und makellos.

KAPITEL 15

Du bist eine neue Schöpfung

Heutiger Bibeltext

Darum: Ist jemand in Christus, so ist er eine neue Schöpfung; das Alte ist vergangen; siehe, es ist alles neu geworden!

2. Korinther 5,17 (SLT)

Bei unserer Bekehrung werden wir eine brandneue Schöpfung in Christus. Das Alte in unserem Leben ist vergangen und alles ist neu. Eine brandneue Schöpfung ist keine reparierte, alte Schöpfung.

Ich habe einmal gehört, dass jemand die Bekehrung damit verglichen hat, dass ein Mensch auf einem kaputten Fahrrad zu Christus kommt: Die Räder sind platt, die Speichen sind verbogen, der Sitz ist verdreht und der Lack bröckelt ab. Jesus pumpt die Reifen auf, biegt die Speichen zurecht, dreht den Sitz gerade und verpasst uns eine neue Lackierung. Wenn wir jedoch derart über unser Leben denken, wären wir keine brandneue, sondern nur eine alte, reparierte Schöpfung.

Laut der Bibel sind wir eine brandneue Schöpfung. *„Das Alte ist vergangen; siehe, es ist alles neu geworden!"* (2 Kor 5,17 SLT). Ich schlage folgenden Vergleich vor: Bei unserer Bekehrung kommen wir in Feigenblätter gekleidet auf einem kaputten Fahrrad zu Christus und fahren dann in weißen, reinen Leinenkleidern mit einem Formel-1-Wagen wieder davon.

Warum ist es so wichtig, dass wir dies verstehen? Weil unsere Vergangenheit uns nicht definiert! Unsere Vergangenheit bestimmt nicht über unsere Zukunft. Christus ist der Herr über unsere Bestimmung. Viele von uns leben in der Vergangenheit und beschäftigen sich mit Dingen, die ihnen schon längst vergeben wurden. Wir halten an unserer Schuld und Scham fest und vergeuden viel Zeit damit, auf unsere Vergangenheit zu schauen, um herauszufinden, was heute mit uns nicht in Ordnung ist. Ich sage dir deshalb, dass es überhaupt nichts an uns auszusetzen gibt, aber möglicherweise denken wir falsch. Wir sind eine komplett neue Schöpfung, die jedoch immer noch eine Erneuerung des Denkens benötigt.

Unser sündiges Wesen, der „alte Mensch", ist vergangen. Ich möchte dir den Vorschlag unterbreiten, dass viele Leute, die sehr viel Zeit mit ihrer Vergangenheit verbringen, in Wirklichkeit den alten Menschen untersuchen, der bereits mitgekreuzigt worden ist. Unser sündiges Wesen ist tot. Wenn es in deiner Vergangenheit Dinge gibt, die in Ordnung gebracht werden müssen, geh nie ohne Jesus dorthin, denn er ist dein Anwalt.

Sobald wir eine klare Offenbarung darüber haben, wer wir in Christus sind und dass er der Herr unserer Zukunft und unserer Bestimmung ist, werden wir anfangen, siegreich zu leben und in der Lage sein, unseren vergangenen Kummer, unsere Scham und Schuld loszulassen. Erst dann können wir damit beginnen, das Leben in der Fülle, von dem Jesus gesprochen hat, zu leben.

Persönliche Anwendung

1. Sehe ich mich selbst in weißes Leinen gekleidet (rein und makellos) und einen schicken Sportwagen fahrend, oder sehe ich mich in Feigenblättern gekleidet (beschmutzt und heruntergekommen) auf einem reparierten Fahrrad?

2. Gibt es in meiner Vergangenheit Bereiche, denen ich es erlaubt habe, mich zu definieren? Wie sieht Jesus diese Lebensbereiche?

3. Wie kann ich meine Gedanken erneuern, damit ich glaube, wer ich in Christus bin?

Proklamation

Vater, ich danke dir, dass du derjenige bist, der sagt, wer ich bin. Danke, dass ich nicht mehr durch meine Vergangenheit bestimmt werde. Du bestimmst, wer ich bin, und du bist der Herr meiner Bestimmung! Danke, dass du am Kreuz all meine Scham, Schuld und Verdammnis auf dich genommen hast, sodass ich ein Leben in Fülle und Überfluss führen darf. Jesus, ich entscheide mich, mich an deinem Wort auszurichten und nicht an meiner Vergangenheit. Ich bitte dich um eine größere Offenbarung der Wahrheit, wer ich in dir wirklich bin und wer du in mir bist! Danke, dass ich eine brandneue Schöpfung bin.

KAPITEL 16

Finde deine Zufriedenheit in Christus

Heutiger Bibeltext

Ich sage das nicht etwa wegen der Entbehrungen, die ich zu ertragen hatte; denn ich habe gelernt, in jeder Lebenslage zufrieden zu sein.

Philipper 4,11 (NGÜ)

Ich bin vielen Christen begegnet, die, ehrlich gesagt, das überfließende Leben Jesu nicht ausleben. Wir alle wollen in unseren Leben Durchbrüche, sei es in Hinblick auf Gesundheit, Finanzen, Beziehungen oder Sonstiges. Ich bin der Erste, der zugeben muss, dass ich noch in vielen Lebensbereichen zunehmend Durchbrüche erleben will.

Wenn wir jedoch erst zufrieden sind, wenn wir unseren Durchbruch erlebt haben, dann werden wir bis zu jenem Zeitpunkt elend und unglücklich sein. Es freut mich, wenn Menschen fest an Durchbrüche in allen Lebensbereichen glauben und diese dann auch erhalten. Dennoch müssen wir darauf bedacht sein, unsere Zufriedenheit nicht von unserem Durchbruch abhängig zu machen.

Der Apostel Paulus sagte: *„Ich sage das nicht etwa wegen der Entbehrungen, die ich zu ertragen hatte; denn ich habe gelernt, in jeder Lebenslage zufrieden zu sein."* (Phil 4,11 NGÜ). Paulus ging in seinem Leben durch unglaubliche Höhen und Tiefen. Er erlebte den Segen und die Durchbrüche Gottes, wurde jedoch auch geschlagen, ins Gefängnis geworfen und erlitt Schiffbruch. Und dennoch war er zufrieden.

Wenn du einen Durchbruch erleben musst, bevor du ein zufriedenes Leben führen kannst, dann wirst du eines erfüllten Lebens beraubt. Du wirst ständig auf der Suche nach dem zukünftigen Frieden und der zukünftigen Freude sein, anstatt sie heute in deinen gegenwärtigen Umständen zu finden. Inmitten deiner jetzigen Umstände ist Jesus mit dir. In den Höhen und Tiefen des Lebens ist er in deiner unmittelbaren Nähe. Entdecke die Freude, Jesus in deiner Situation zu finden. In Zeiten der Not halte Ausschau nach etwas, wofür du dankbar sein kannst. Du kannst auch deinen Glauben aktivieren und Gott schon für den bevorstehenden Durchbruch danken. Da sich Gott ja außerhalb unserer Zeit befindet, wie wäre es, wenn du ihm für deine Durchbrüche dankst und glaubst, dass diese bereits geschehen sind?

Ich ermutige dich dazu, ein zufriedenes Leben zu führen, da Jesus mit dir ist.

Persönliche Anwendung

1. Für welche Durchbrüche in meinem Leben habe ich Glauben?

2. Kann ich erst dann glücklich und zufrieden sein, wenn mein Durchbruch da ist?

3. Notiere dir drei Dinge, wie du schon zufrieden sein kannst, während du noch auf deinen Durchbruch wartest.

4. Nimm dir einen Moment Zeit, um Gott für deinen kommenden Durchbruch zu danken.

Bete heute Folgendes

Jesus, danke, dass du die Quelle meiner Freude und meines Glücks bist. Ich entscheide mich dazu, zufrieden zu sein, während ich auf einen Durchbruch in meinem Leben warte. Ich will nicht länger, dass meine Gefühle wegen meiner Umstände hin und her gerissen werden. Danke, dass du immer gut bist und dass ich dich in jeder Situation finden kann.

KAPITEL 17

Richte deine Aufmerksamkeit auf Jesus

Heutiger Bibeltext

Indem wir hinschauen auf Jesus, den Anfänger und Vollender des Glaubens.

Hebräer 12,2 (SLT)

In den mehr als sechzehn Jahren im geistlichen Dienst habe ich manch gewaltige Höhen und Tiefen erlebt. Am Beginn meines öffentlichen Dienstes hatte ich die meiste Zeit damit zu kämpfen, selbst ermutigt zu bleiben. Häufig war ich niedergeschlagen und wurde dann meist selbstkritisch und dachte, mit mir würde etwas überhaupt nicht stimmen.

Schließlich entdeckte ich jedoch eine der besten Möglichkeiten, wie man ermutigt und im Überfluss des Himmels bleiben kann. Ich fand heraus, dass ich jeden Tag ermutigt bleiben kann, wenn ich meine ganze Aufmerksamkeit und Zuneigung einfach nur dem Einen widme: dem, was Gott getan hat, und dem, was er gerade tut.

Ich kann es mir nicht leisten, meine Aufmerksamkeit auf Dinge zu richten, die (noch) nicht passiert sind. Wenn ich mich heute niedergeschlagen fühle, dann merke ich schnell, dass es daran liegt, dass ich meine Aufmerksamkeit nicht mehr den „guten Nachrichten" widme, sondern Dingen, die noch nicht passiert sind.

Richten wir unsere Aufmerksamkeit auf schlechte Nachrichten, dann fangen wir an, das Negative bzw. das Problem in den Vordergrund zu stellen. Wenn wir dies tun, dann wird das Problem in unseren Gedanken größer als die Lösung.

Ich habe gelernt, dass ich mehr lösungsorientiert denken muss. Je mehr ich mich auf die Lösung konzentriere, desto weniger beeindruckt mich die Dunkelheit, denn letztlich ist Dunkelheit gar nicht das Problem. Dunkelheit ist einfach nur die Abwesenheit von Licht. Wenn ich mich also auf die Lösung konzentriere, werde ich feststellen, dass ich dadurch schon im Licht lebe. Das Licht alleine verdrängt die Dunkelheit!

Finde immer etwas zum Feiern. Ich selbst weiß, dass es auch bei mir noch viele Bereiche gibt, in denen ich einen Durchbruch benötige, und dennoch lerne ich, meinen Blick auf das zu richten, was bereits geschehen ist bzw. gerade geschieht, damit ich ermutigt bleibe.

Höre damit auf, die Dunkelheit und die Probleme in den Vordergrund zu stellen und hebe von jetzt an die Lösung hervor. Mir ist bis jetzt noch kein Problem untergekommen, das größer ist als die ultimative Lösung: JESUS.

Persönliche Anwendung

1. Tendiere ich dazu, im Alltag eher ermutigt oder entmutigt zu sein?

2. Worauf habe ich in letzter Zeit meine Aufmerksamkeit gerichtet?

3. Habe ich mich in letzter Zeit zu lange mit etwas Negativem beschäftigt? Falls dies zutrifft, was ist Gottes Wahrheit über diese Situation?

4. Was kann ich tun, um mich selbst daran zu erinnern, mich täglich auf die Lösung der Situation zu konzentrieren?

5. Notiere fünf gute Dinge, die jetzt gerade in deinem Leben passieren und entscheide dich, Gott an jedem Tag in dieser Woche
für diese Dinge zu danken.

Bete heute Folgendes

Vater, ich danke dir, dass gerade jetzt gute Dinge in meinem
Leben passieren. Hilf mir zu lernen, dich täglich zu ehren und
für das, was du in meinem Leben tust, dankbar zu sein. Ich
erkläre, dass du in jeder Situation, die mir begegnet, die
Antwort bist, egal wie wichtig bzw. unbedeutend sie sein
mag. Ich entscheide mich, dir zu vertrauen und meine Aufmerksamkeit auf Jesus zu richten.

KAPITEL 18

Zeit für einen Ölwechsel?

Heutiger Bibeltext

Die Törichten aber sprachen zu den Klugen: Gebt uns von eurem Öl! Denn unsere Lampen erlöschen.

Matthäus 25,8

Mein Auto braucht alle 10.000 Kilometer einen Ölwechsel. Eines Tages, als sich mein Auto gerade in der Inspektion befand, hörte ich den Herrn zu mir sagen, dass es in meinem Leben ähnlich sei wie bei meinem Auto. Lasse ich bei diesem keinen Ölwechsel vornehmen, dann wird das Öl schließlich zähflüssig und schmutzig. Mein Auto wird dann nicht mit maximaler Effizienz laufen und dies wird letztendlich einen Langzeitschaden zur Folge haben. Er sagte weiter, dasselbe gelte auch für unser Leben: Unser Öl muss frisch und unser Öltank bis zum Rand gefüllt bleiben.

Dennoch lassen wir oft viel zu viel Zeit verstreichen, ohne jemals unser Lebensöl zu wechseln bzw. den Ölstand zu kontrollieren. Mit der Zeit werden wir dann immer ausgelaugter und langsamer und unsere Flamme wird immer schwächer. Oft führt es dazu, dass wir von einer einzigen Berührung Gottes so lange zehren, bis wir ausgebrannt sind; erst dann suchen wir verzweifelt nach der nächsten. Wäre es nicht großartig, wenn wir uns nicht von einer Berührung des Heiligen Geistes zur nächsten schleppen müssten, sondern die ganze Zeit in seiner Fülle wirken könnten?

Wir haben die Wahl, entweder eine der klugen oder eine der törichten Jungfrauen zu sein. In der Geschichte aus Matthäus 25 nahmen die törichten Jungfrauen zwar ihre Lampen mit, jedoch kein (zusätzliches) Öl. Die klugen Jungfrauen hingegen hatten beides dabei:

Als aber der Bräutigam auf sich warten ließ, wurden sie alle schläfrig und schliefen ein. Um Mitternacht aber entstand ein Geschrei: Siehe, der Bräutigam! Geht hinaus, ihm entgegen! Da standen alle jene Jungfrauen auf und schmückten ihre Lampen. Die Törichten aber sprachen zu den Klugen: Gebt uns von eurem Öl! Denn unsere Lampen erlöschen. Die Klugen aber antworteten und sagten: Nein, damit es nicht etwa für uns und euch nicht ausreiche! Geht lieber hin zu den Verkäufern und kauft für euch selbst!" (Mt 25,5-9).

Obwohl ich gerne die Dynamik, die ein anderer erzeugt hat, ausnütze, ist es wichtig, dass wir nicht immer nur vom Öl der anderen leben. Wir sollten lernen, genug von unserem eigenen Öl dabeizuhaben, damit es uns durch die längsten und dunkelsten Nächte bringen kann. Ich möchte mich nicht von einer Berührung des Heiligen Geistes zur nächsten schleppen. Ich will in der Fülle des Geistes wirken, indem ich immer genug Öl bei mir habe, um hell zu leuchten.

Wenn du dich ausgelaugt fühlst bzw. deine Flamme nur schwach flackert, dann solltest du einen Ölwechsel vornehmen. Entledige dich deines schmutzigen Öls und lass dich wieder mit frischem und sauberem Öl randvoll auffüllen. Das Beste, was du meiner Meinung nach tun kannst, ist, die Ölablassschraube zu entfernen, damit dein Öl nie mehr zähflüssig und schmutzig werden kann. Stattdessen wird es ständig fließen und über alles darüberfließen, mit dem du in Berührung kommst.

Persönliche Anwendung

1. Benötige ich einen Ölwechsel bzw. muss ich mein Öl wieder auffüllen?

2. Was mache ich, wenn ich mich trocken oder leer fühle, damit ich neu vom Öl des Heiligen Geistes aufgefüllt werde?

3. Was kann ich tun, damit das Öl des Heiligen Geistes in meinem Leben ständig fließt und ich in seiner Fülle wirken kann?

Bete heute Folgendes

Vater, ich danke dir, dass du nicht willst, dass mir das Öl ausgeht. Du willst, dass ich immer mit frischem Öl gefüllt bin und eine zusätzliche Reserve habe. Ich bete, dass du mir Einsicht gibst, wie ich in der Fülle des Geistes wandeln kann, damit mein Öl niemals zähflüssig oder schmutzig wird. Ich will, dass meine Flamme immer heller leuchtet und niemals ausbrennt.

KAPITEL 19

Möchtest du ein geistlicher Riese werden?

Heutiger Bibeltext

> *So wie ein Säugling nach Milch schreit, sollt ihr nach der reinen Milch – dem Wort Gottes – verlangen, die ihr benötigt, um im Glauben zu wachsen.*

1. Petrus 2,2 (NLB)

Ich begegne vielen Gläubigen, die außergewöhnliche Dinge für Gott tun wollen und glauben, dass sie im Königreich Gottes zu Riesen berufen sind. Ich möchte mit dir heute über zwei Dinge nachdenken. Erstens: Ein Riese zu werden ist ein Prozess. Ich habe bisher noch nie erlebt, dass ein Baby als Riese auf die Welt gekommen ist. Ich habe jedoch bereits erlebt, dass ein Baby seit seiner Geburt wusste, dass es seine Bestimmung war, zu einem geistlichen Riesen heranzuwachsen. Lerne, den Wachstumsprozess zu genießen, da Wachstum immer ein Prozess ist.

Der zweite und wichtigste Punkt, um den es mir geht, ist Folgender: Wenn du ein Riese werden willst, dann musst du dich auch dementsprechend ernähren. Riesen werden nicht groß, indem sie nur kleine Portionen essen. Sie werden Riesen, weil sie genau wissen, wie sie sich ernähren müssen. Sie essen und essen und essen. Ich spreche natürlich nicht über normale Nahrung, sondern darüber, sich am Wort Gottes und an dem, was er im Moment tut bzw. bereits getan hat, zu laben.

Dies ist zwar nicht wirklich etwas Neues, aber wenn du im Natürlichen etwas isst, dann wirst du satt. Im Königreich Gottes funktioniert es jedoch nicht so, im Gegenteil: Je mehr du isst, desto hungriger wirst du. Je mehr ich vom Königreich Gottes erlebe, desto mehr will ich es und desto hungriger werde ich. Je hungriger ich werde, desto mehr muss ich essen, und je mehr ich esse, desto mehr werde ich auch wachsen.

Dies ist der wunderbare Weg, ein Riese zu werden. Wie also bleibst du ständig am Wachsen? Iss viel und begib dich in Situationen, in denen du für das Unmögliche beten musst. Da wir als Gläubige wissen, dass jeder von uns die Antwort auf diese Unmöglichkeiten bereits in sich trägt, müssen wir lernen, aus dieser Fülle heraus zu leben. Dann werden wir durch das, was wir lernen, wachsen, egal, ob alles gut läuft oder nicht.

Ob du einen Durchbruch erlebst oder nicht, betrachte das Gelernte als Nahrung und wachse. Mach dir wegen dem, was falsch gelaufen ist, keine Vorwürfe, sondern iss einfach und wachse weiter. Ich habe noch nie erlebt, dass jemand über Nacht oder durch ein einmaliges Essen körperlich gewachsen wäre. Man wächst, indem man sich kontinuierlich vom Wort Gottes und den eigenen Erfahrungen ernährt, Risiken eingeht und lernt, Wachstum als Prozess zu sehen.

Wir können von Gott erfüllt bleiben, indem wir essen und lernen, wie wir – sowohl durch schmerzliche Niederlagen als auch durch die Freude über einen Durchbruch – wachsen können.

Persönliche Anwendung

1. Ernähre ich mich, indem ich mich in unmögliche Situationen begebe und Risiken eingehe?

2. Lasse ich mich auf den Prozess, durch den ich zu einem geistlichen Riesen werde, ein oder bin ich ungeduldig?

3. Wer ist für mich ein solcher geistlicher Riese, und wie wird man zu einem solchen?

4. Wovon sollte ich mich ernähren, um zu wachsen?

Bete heute Folgendes

Vater, ich bete, dass du mein Verlangen, mich an dir und deinem Wort zu laben, zunehmen lässt. Ich will dich zur obersten Priorität in meinem Leben machen und nicht nur dann „essen", wenn ich Zeit habe. Mich verlangt sehnlichst danach, in dir zu wachsen und zu reifen, und ich weiß, dass ich dies nur erreichen kann, indem ich meinen Geist stärke. Ich will mich an dir laben!

KAPITEL 20

Nach dem Königreich Gottes trachten

Von Mary Webb (Praktikantin bei Chris Gore im Jahr 2016)

Heutiger Bibeltext

Trachtet aber zuerst nach dem Reich Gottes und nach seiner Gerechtigkeit! Und dies alles wird euch hinzugefügt werden.

Matthäus 6,33

Nach einer langen Flugreise kam ich eines Abends endlich in meinem Hotelzimmer an. Erschöpft ließ ich mich ins Bett fallen und schlief rasch ein. Als ich am nächsten Morgen aufwachte, begann ich für meine Gemeinde zuhause zu beten, da ich wusste, dass die Leute um diese Zeit zu einem wöchentlichen Gebetstreffen zusammenkamen. Ich hatte noch nicht lange gebetet, als mein Telefon klingelte. Die Nummer war mir unbekannt, und als ich abhob, sagte der Anrufer: „Gute Frau, ich bin vom Sicherheitsdienst am Flughafen. Ich glaube, dass ich vielleicht etwas habe, das ihnen gehört. Es handelt sich um einen Laptop, und auf der zugehörigen Tasche steht ihr Name und ihre Telefonnummer."

Schnell machte ich das Licht im Zimmer an und ging dahin, wo ich am Tag zuvor meine Koffer abgestellt hatte. Tatsächlich, meine Computertasche fehlte! Der Mann am Telefon erzählte mir weiter, er habe die Tasche so gegen 6 Uhr morgens unbeaufsichtigt auf einem der Sessel liegen sehen. Er habe sie eine Zeitlang beobachtet und als diese niemandem zu gehören schien, habe er die Telefonnummer auf dem Anhänger gelesen und mich angerufen.

Ganz verblüfft bedankte ich mich und sagte dem Mann, ich würde so schnell wie möglich kommen und den Laptop abholen. Dann erst ging mir auf, dass ich den Flughafen ja schon am Abend vorher gegen 23 Uhr verlassen hatte. Die Laptoptasche hatte also ganze sieben Stunden auf dem Sessel gelegen, bevor sie dieser Mann des Sicherheitsdienstes völlig unversehrt gefunden hatte. An diesem Morgen hatte ich in diesem Hotelzimmer den Eindruck, der Herr wolle mir sagen: „Wenn du dich auf mein Königreich konzentrierst, werde ich mich um deine Bedürfnisse kümmern (auch um jene, von denen du gar nichts weißt) und alles zum Guten führen."

In der Bibel gibt uns Jesus ein vollkommenes Beispiel davon, was es bedeutet, zuerst nach dem Reich Gottes zu trachten. In Johannes 5,19 (SLT) sagte er: *„Wahrlich, wahrlich, ich sage euch: Der Sohn kann nichts von sich selbst aus tun, sondern nur, was er den Vater tun sieht; denn was dieser tut, das tut gleicherweise auch der Sohn."* In Jeremia 29,13 wird uns eine herrliche Verheißung gegeben: *„Ja, ihr werdet mich suchen und finden, wenn ihr von ganzem Herzen nach mir verlangen werdet."* Wenn wir nach dem Reich Gottes trachten, werden wir es finden.

Gott kennt alle unsere Bedürfnisse und seine Ressourcen sind unbegrenzt. Unsere Aufgabe ist es, zuerst nach dem Königreich Gottes zu trachten.

Persönliche Anwendung

1. Wie sieht *„trachtet aber zuerst nach dem Reich Gottes"* in meinem täglichen Leben aus? Nehme ich mir bewusst jeden Tag Zeit, meine Beziehung mit meinem himmlischen Vater zu pflegen?

2. Wie könnte ich mein Leben gestalten, um dem Trachten nach dem Reich Gottes den Vorrang vor allem anderen zu geben?

3. Inwiefern habe ich schon erlebt, dass Gott mich übernatürlich versorgt hat?

Bete heute Folgendes

Vater, du hast mich dazu bestimmt und geschaffen, zuerst nach deinem Königreich zu trachten. Ich gebe dir meinen Verstand, meinen Körper und meinen Geist, um dein Angesicht zu suchen. Ich vertraue deiner Verheißung, dass ich dich dort, wo ich dich von ganzem Herzen suche, auch finden werde. Ich danke dir, dass du alle meine Bedürfnisse kennst und verkünde, dass du gut bist. Ich danke dir von ganzem Herzen für alle Zeiten, in denen du mich übernatürlich versorgt hast. Rüste du mich heute mit übernatürlicher Beharrlichkeit und mit Glauben aus, sodass ich ganz auf dein Königreich ausgerichtet bleibe. Ich bringe meine Gedanken mit den Plänen des Himmels in Einklang und freue mich über deine Verheißung, dass du alles in meinem Leben zum Guten führen wirst.

KAPITEL 21

Ein dankbares Herz

Von Mary Webb (Praktikantin bei Chris Gore im Jahr 2016)

Heutiger Bibeltext

Sagt in allem Dank! Denn dies ist der Wille Gottes in Christus Jesus für euch.

1. Thessalonicher 5,18

Ist dir jemals aufgefallen, dass es fast unmöglich ist, gleichzeitig dankbar und depressiv zu sein? Danksagung verschafft uns eine höhere Perspektive und fördert eine Erwartungshaltung in unserem Herzen. Die Bibel sagt uns: *„Zieht ein in seine Tore mit Dank, in seine Vorhöfe mit Lobgesang!"* (Ps 100,4). Welch eine starke Verheißung! Bist du dir dessen bewusst, dass du, geistlich gesehen, eine höhere Ebene betrittst, sobald du anfängst, Gottes Güte zu preisen und ihm für alles, was er getan hat und derzeit tut, zu danken? Gott zu danken und auch für die Menschen um uns herum dankbar zu sein, verändert die Atmosphäre zum Positiven.

Wenn wir damit beginnen, Gottes Güte und seine Treue in unserem Leben zu feiern, dann schafft dies eine Atmosphäre der Erwartung und des Glaubens. In der Bibel sehen wir, wie Jesus für die fünf Brotlaibe und die zwei Fische dankt, und dies kurz bevor diese vermehrt werden. *„Und er befahl den Volksmengen, sich auf das Gras zu lagern, nahm die fünf Brote und die zwei Fische, blickte auf zum Himmel und dankte; und er brach die Brote und gab sie den Jüngern, die Jünger aber gaben sie den Volksmengen."* (Mt 14,19). Indem Jesus zum Himmel aufblickte, richtete er seine Gedanken nicht auf das, was er in dem Augenblick in seinen Händen hielt, sondern auf seinen himmlischen Vater. Wenn wir unser Augenmerk ebenfalls auf unseren himmlischen Vater richten und ihm für das, was wir haben, danken, werden wir häufig erleben, dass es sich vermehrt.

Wir sollten nie etwas nach einem bestimmten Schema tun bzw. etwas tun, weil wir uns davon etwas anderes erhoffen. Das nennt man Manipulation. Nichtsdestotrotz gibt es in der Bibel grundlegende Prinzipien, die dazu gedacht sind, uns in unserer Lebensführung anzuleiten. Eines dieser Prinzipien, das Jesus uns andauernd vorgelebt hat, ist ein Lebensstil der Dankbarkeit. Dankbarkeit und das Königreich Gottes sind zwei Dinge, die untrennbar verbunden sind.

In 1. Thessalonicher 5,18 werden wir dazu ermahnt, in allen Dingen Dank zu sagen. Hast du dich jemals gefragt, wie es möglich ist, auch in schwierigen Situationen dankbar zu sein? Dazu müssen wir nur auf Jesus schauen, da er es uns vorgelebt hat. Bevor Jesus ans Kreuz ging, gab er Dank. Stell dir das vor! In der Bibel lesen wir, dass Jesus *„um der vor ihm liegenden Freude willen..."* das Kreuz erduldete. (Hebr 12,2). Hier kommt Jesu Sichtweise von der Ewigkeit zutage. Sein Dank beruhte nicht auf seinen damaligen Umständen, sondern auf dem, was das Kreuz bewirken würde, und dies brachte ihm Freude. Er konzentrierte sich nicht auf den Schmerz des Kreuzes, sondern auf die vor ihm liegende Freude!

Auch wir dürfen an dieser Freude teilhaben, da wir zu Erben des Königreiches Jesu gemacht worden sind (Röm 8,17). Machen wir Dankbarkeit zu unserem Lebensstil, können wir die Prüfungen des Lebens aus einer neuen Perspektive sehen. Wenn wir damit anfangen, Gott Dank zu geben, und erkennen, was er alles für uns getan hat und auch jetzt gerade in unserem Leben tut, dann bereitet uns dies auf einen Durchbruch vor.

Persönliche Anwendung

1. Wie kann ich in meinem Leben bewusst täglich Dankbarkeit praktizieren?

2. Behalte ich in allen Situationen und Umständen eine Perspektive der Dankbarkeit, so wie es Jesus getan hat?

3. Wie kann ich meiner Dankbarkeit für die Menschen um mich herum Ausdruck verleihen?

Bete heute Folgendes

Vater, ich danke dir für deinen Sohn Jesus Christus und dass ich durch ihn nun eine neue Sichtweise von der Ewigkeit habe, durch welche ich alle Bereiche meines Lebens betrachten kann. Ich entscheide mich heute, in allen Dingen dankbar zu sein. Öffne meine Augen, damit ich alle Dinge aus einer himmlischen Perspektive sehen kann. Ich entscheide mich auch, meine Augen auf dich zu richten, da ich weiß, dass du immer gut bist. Gib mir ein dankbares Herz, damit ich deinen Segen schnell erkennen kann. Vater, lass mich eine Person sein, die überall eine Atmosphäre der Dankbarkeit hineinbringt, und lass diese Atmosphäre für die Menschen um mich herum ansteckend sein.

KAPITEL 22

Wenn Jesus in uns überfließt

Von Clement Sim (Praktikant bei Chris Gore im Jahr 2016)

Heutiger Bibeltext

Der Dieb kommt nur, um zu stehlen, zu töten und zu verderben; ich bin gekommen, damit sie das Leben haben und es im Überfluss haben.

Johannes 10,10 (SLT)

Hast du jemals einem Gast ein Glas Wasser angeboten bzw. hast du dir in einem Restaurant ein Glas Wasser servieren lassen? Ist dir dabei aufgefallen, dass das Glas nie ganz bis zum Rand gefüllt ist und man immer noch mehr hineingießen könnte? Ein Glas ist erst dann ganz voll, wenn es überfließt. Dann ist kein Raum mehr da, den man noch auffüllen könnte. Wenn du das Glas dann berührst, wird deine Hand nass, da es überfließt. Genauso ist es auch im Königreich Gottes. Wir sind erst dann ganz voll, wenn wir überfließen und jeder, der uns begegnet, auch dem Überfluss Gottes begegnet. Wenn du die Fülle Gottes in dir trägst, fließt du über, und wenn dich dann jemand berührt, dann erlebt er den Überfluss Gottes!

Seit ich zum Glauben gekommen bin, habe ich schon viele Prediger gehört, die Johannes 10,10 zitierten. Viele haben diesen Vers jedoch dazu benutzt, um das Wirken des Teufels in unserem Leben hervorzuheben, der kommt um *„zu stehlen, zu töten und zu verderben"*. Kommt dir das bekannt vor? Als ich eines Tages diesen Vers in der Bibel las, sprach Gott zu mir: „Clement, hör auf damit, diesen Vers nur in Teilen zu lesen. Die Bibel ist immer dazu da, das Herz des Erlösers zu offenbaren und nie die Absichten des Teufels." Etwas in meinen Geist bewegte mich dazu, den Rest des Verses zu lesen, der davon handelt, dass Jesus Leben gibt.

Dabei hob der Heilige Geist zwei Worte besonders hervor, was mich dazu veranlasste, diese näher zu untersuchen. Das griechische Wort für „Leben" (zoe) bedeutet: „der Zustand von jemandem, der voller Vitalität und Leben ist"[1]. Gemeint ist damit das göttliche Leben Gottes, das allein Gott besitzt bzw. die absolute Fülle des Lebens. Das griechische Wort für „überfließend" (perissos) bedeutet: „Über und darüber, exzessiv, mehr als notwendig"[2].

Jesus möchte uns nicht nur wissen lassen, dass wir Zugang zu seinem göttlichen Leben haben. Er möchte, dass wir den Überfluss kennen. In diesem Sinne sind wir nicht nur Träger der Gegenwart Gottes, sondern Träger seines überfließenden göttlichen Lebens.

Interessanterweise geht es in Johannes 7,38 um die Ströme des lebendigen Wassers, die aus jedem Gläubigen fließen. Ein Strom ist ein natürliches Phänomen, da das Wasser in ihm ständig fließt. Das überfließende Leben Jesu zu erfahren, hat nichts Passives an sich, sondern ist vergleichbar mit einem Strom, der nie aufhört zu fließen. Es ist ein Bild dafür, dass wir natürlicherweise mit göttlichem Leben überfließen. Unsere Aufgabe dabei ist, uns einfach mit Jesus zu verbinden.

Erinnerst du dich an den Tag, als du Jesus als deinen Herrn und Retter in dein Leben aufgenommen hast? Genau in diesem Moment kam Jesus, die Quelle des göttlichen Lebens, und hat Wohnung in dir genommen, und du hast begonnen, mit göttlichem Leben überzufließen. Dieser Strom des überfließenden Lebens ist immer in dir, ob du ihn spürst oder nicht. In der Bibel sehen wir, dass Lazarus von den Toten auferweckt wurde, als Jesus mit seinem überfließenden Leben die Szene betrat. Wie viel mehr können wir Jesu Leben in jede Situation und jeden Umstand hineinbringen, wenn wir den Strom, der aus uns herausfließt, erkennen?

---

[1] Direkt aus dem Engl. Anmerk. d. Übers.
[2] Direkt aus dem Engl. Anmerk. d. Übers.

Persönliche Anwendung

1. Bin ich wie das überfließende Glas, das nicht noch mehr aufgefüllt werden kann? Warum?

2. Richte ich beim Bibellesen meinen Blick darauf, das Herz meines
Erlösers zu verstehen?

3. Wie kann ich mich selbst daran erinnern, dass ich ein Strom bin,
der niemals zu fließen aufhört?

4. In welche Situationen kann ich das überfließende und göttliche Leben Jesu hineinbringen?

Bete heute Folgendes

Vater, ich danke dir, dass du Jesus gesandt hast, um uns göttliches und überfließendes Leben zu schenken. Danke, dass du mich zu einem Strom gemacht hast, der mit deinem Leben überfließt und jede ausweglose Situation bzw. jede todbringende Umgebung verändern kann. Ich möchte diesen Strom des Lebens in mir wahrnehmen, und zwar aufgrund deiner Wahrheit und des Kreuzes, und nicht aufgrund meiner Gefühle. Ich möchte heute im Leben eines anderen Menschen zu einer Begegnung werden, die Leben schenkt. Ich werde nie aufhören zu fließen und niemals austrocknen.

KAPITEL 23

In der Fülle des Himmels leben

Von Clement Sim (Praktikant bei Chris Gore im Jahr 2016)

Heutiger Bibeltext

Als er aber von den Pharisäern gefragt wurde, wann das Reich Gottes komme, antwortete er ihnen und sprach: Das Reich Gottes kommt nicht so, dass man es beobachten könnte. Man wird nicht sagen: Siehe hier! oder: Siehe dort! Denn siehe, das Reich Gottes ist mitten unter euch.

Lukas 17,20-21 (SLT)

Als Kind war ich sehr neugierig und wollte die Dinge immer selber herausfinden, anstatt sie von andern zu erfahren. Wenn es ums Lernen geht, gibt es nichts, was der eigenen Erfahrung gleichkommen könnte. Mir wurde zum Beispiel öfters gesagt, ich solle ein heißes Bügeleisen nicht anfassen. Eines Tages fasste ich es dennoch an und lernte die Lektion auf die harte Tour. Ein anderes Mal fand ich heraus, dass Metall Elektrizität leitet. Du kannst dir sicher vorstellen, was ich getan habe. Ich habe einen Metallgegenstand in eine Steckdose gesteckt und sozusagen den Schock meines Lebens bekommen.

Wir können nicht einfach die Existenz einer Sache leugnen, nur weil wir sie mit unseren physischen Augen nicht sehen können. Sowohl Hitze als auch Elektrizität waren Dinge, die ich nicht sehen konnte. Obwohl ich sie nicht sehen konnte, existierten sie trotzdem. Jesus sagte, dass das Königreich Gottes durch den Heiligen Geist in uns ist. Ich persönlich habe den Heiligen Geist noch nicht mit eigenen Augen gesehen, doch dies bedeutet nicht, dass er nicht in mir lebt. In Römer 14,17 steht: *„Denn das Reich Gottes ist nicht Essen und Trinken, sondern Gerechtigkeit und Friede und Freude im Heiligen Geist."* Wir haben keine begrenzte Portion des Heiligen Geistes, sondern wir haben ihn unbegrenzt.

Als ich das Evangelium zum ersten Mal hörte, war mein Haupteindruck, dass Jesus gekommen war, um uns ein Gratisticket in den Himmel zu geben. Mir kam es vor, als würde Jesus jenen, die das wollten, Gratistickets austeilen und als würden sich die Leute anstellen, um diese einzigartige Gelegenheit zu ergreifen. So komisch das auch klingen mag, dies war das Bild, das mir durch den Kopf ging. Nachdem ich das Evangelium nun tiefer verstehe, weiß ich, dass Jesus nicht nur deshalb gekommen ist, um uns solch ein Ticket zu geben. Er machte – vom Kreuz bis zur Auferstehung – alles durch, damit er den Himmel in uns hineinlegen konnte. Das ist wirklich eine ganz andere Strategie! Wir warten nicht darauf, bis wir unser Gratisticket in den Himmel einlösen können, sondern haben den Himmel bereits in uns.

Nun zurück zu meiner Kindheitserfahrung. Wir können die Heizspirale in einem Bügeleisen nicht sehen, aber sie befindet sich zu einem bestimmten Zweck darin. Sie soll das Bügeleisen erhitzen, damit man es zum Bügeln benutzen kann. Auf ähnliche Weise ist das Königreich Gottes zu einem bestimmten Zweck in uns. Es war Gottes Idee und seine Absicht, dass die Fülle des Himmels durch den Heiligen Geist in uns wohnen sollte. Dadurch werden wir bevollmächtigt und können über unsere eigenen Begrenzungen hinaus „funktionieren".

Ähnlich wie bei einer Steckdose können wir den Strom im Innern nicht sehen, obwohl er da ist. Um ihn zu nutzen, braucht es lediglich die richtige Verbindung. Auf ähnliche Art und Weise lebt das Königreich Gottes in uns. Wenn wir wissen, dass Jesus die Verbindung zur Kraft ist, wird sie durch uns fließen und alles verändern, was wir berühren.

Wir sollen im Glauben leben und nicht im Schauen. Das Königreich ist bereits in uns, auch wenn wir es nicht sehen können. Unsere Aufgabe ist nicht, mehr vom Himmel in uns hineinzubekommen, denn dies hat Jesus bereits getan. Als wir zu Jesus „ja" gesagt haben, haben wir die Fülle bereits erhalten. Ich glaube, dass es unsere vorrangige Aufgabe ist, immer mit der Quelle, nämlich mit Jesus, verbunden zu bleiben. Wenn wir den Himmel freisetzen, ersetzen wir Traurigkeit mit Freude, Krankheit mit Gesundheit und Mangel mit Überfluss. Wir können die Atmosphäre des Himmels auf der Erde freisetzen, weil das Königreich Gottes bereits zur Gänze in uns wohnt.

Persönliche Anwendung

1. Welche Bereiche meines Lebens sollte ich zukünftig im Glauben und nicht im Schauen wahrnehmen?

2. Zu welchem Zweck wohnt das Königreich Gottes in mir?

3. Wie kann ich mir die Kraft Gottes täglich zu eigen machen und sie freisetzen?

4. Welchen Aspekt seines Königreiches möchte Gott heute durch mich freisetzen?

Bete heute Folgendes

Vater, ich danke dir, dass du Jesus gesandt hast, um uns das Königreich zu geben. Ich warte nicht, bis ich in den Himmel komme, sondern habe den Himmel bereits in mir. Ich bin ein Kind Gottes, das durch den Glauben an Gottes Wort lebt und nicht durch das, was ich sehe. Da das Königreich Gottes in mir ist, ziehe ich jeden Tag die Aktivität von Engeln sowie Zeichen und Wunder an. Egal, wohin ich gehe, können Menschen durch mich die Atmosphäre des Himmels erleben.

KAPITEL 24

Sich selbst glücklich schätzen

Heutiger Bibeltext

Ich schätze mich glücklich, König Agrippa, mich heute vor dir verantworten zu dürfen wegen aller Anklagen, die die Juden gegen mich erheben

Apostelgeschichte 26,2 (SLT)

In unserer heutigen Zeit, wo in der Wirtschaft und Politik, durch Kriege, Krankheiten und andere chaotische Zustände so viel Unruhe herrscht, müssen wir sicherstellen, dass die äußeren Umstände uns nicht die innere Freude rauben. Wenn wir uns nur dann freuen, wenn in der Welt alles in Ordnung ist, dann werden wir sehr wahrscheinlich ein ziemlich miserables Leben führen.

Als Paulus vor Gericht stand, befand er sich in einer sehr schwierigen Situation, und dennoch begann er seine Verteidigungsrede vor König Agrippa, die als seine längste Rede bekannt wurde, mit folgenden Worten: „Ich schätze mich glücklich, König Agrippa." Wie häufig werden wir als Gläubige Opfer unserer Umstände? Gewiss erleben wir auch freudige Zeiten, doch wie oft lassen wir es zu, dass die Umstände unseres Lebens und der Welt darüber bestimmen, wie sehr wir uns freuen? Was würde geschehen, wenn wir entdeckten, dass Freude in erster Linie eine innere Angelegenheit ist? Wie wäre es, wenn wir einfach nicht zulassen würden, dass das Chaos um uns herum, egal, wie groß es sein mag, unser „Freude-Barometer" verändert? Egal, in welcher Zeit wir uns befinden, ob in der Welt Chaos herrscht oder ob wir uns persönlich in schwierigen Umständen befinden: Freude ist immer in Reichweite, wir müssen nur unser Denken verändern.

Auf meinem Weg zur Freude beschwerte ich mich eines Tages bei einem meiner Vorgesetzten über meine persönlichen Umstände. Ich sagte ihm, dass es sich im Moment nicht so anfühle, als hätte ich ein Leben. Mit einer liebevollen, väterlichen Ermahnung wurde ich daran erinnert, dass die Situation, in der ich mich gerade befände, mein Leben sei. Wenn ich darauf wartete, dass sich meine Situation veränderte, würde ich mein Leben verschlafen und mich weiterhin unkontrolliert im Kreis drehen.

Eigentlich hatte ich diese Lektion schon gelernt, aber weil ich es zugelassen hatte, Opfer meiner Umstände zu werden, musste ich nochmals eine Runde drehen. Es war wie ein erfrischender Weckruf. Trotz meiner Umstände muss ich das Beste aus meinem Leben machen, denn Freude ist eine innere Angelegenheit.

Persönliche Anwendung

1. Welchen Umständen bin ich zum Opfer gefallen, die mir meine innere Freude geraubt haben?

2. Welche Denkweisen kann ich verändern, auch wenn meine Umstände sich nicht verändern?

3. In welchen Bereichen meines Lebens habe ich meine Dankbarkeit verloren?

4. Wie kann ich mein Leben neu ausrichten, um der inneren Freude Platz zu schaffen?

Bete heute Folgendes

Vater, ich danke dir, dass ich den Geist der Freude habe, weil ich dich habe! Hilf mir dabei, dass ich es meinen Umständen nicht gestatte, über meine Freude und Zufriedenheit zu bestimmen. Hilf mir zu erkennen, wann immer ich es zulasse, dass meine Umstände größer als du werden. Hilf mir, dass ich mein Leben auch in schwierigen Umständen und Situationen in seiner ganzen Fülle lebe. Ich danke dir, dass ich jetzt schon wirklich leben darf und entscheide mich dazu, mein Leben in seiner ganzen Fülle zu leben und jede Minute zu genießen.

KAPITEL 25

Verpasse das Wunder nicht

Heutiger Bibeltext

Hier ist ein Junge, der hat fünf Gerstenbrote und zwei Fische. Aber was ist das schon für so viele Menschen?

Johannes 6,9 (NGÜ)

Mit Gott erfüllt zu sein, muss unsere wichtigste Priorität bleiben. Einer der einfachsten Wege dahin ist, auch noch so kleine Erfolge im Leben zu feiern. Genau dies bewahrt uns davor, den Tag kleiner Anfänge zu verachten.

Wenn wir unsere Aufmerksamkeit nur auf die Dinge richten, die noch nicht geschehen sind, kann es leicht passieren, dass wir die Dinge, die gerade geschehen, gar nicht mehr wahrnehmen. Auch wenn wir uns alle danach sehnen, aufregende Dinge zu erleben, verpassen wir leicht das Wunderbare, wenn wir nur das Spektakuläre suchen. Gerade dann, wenn wir es lernen, die einfachen, kleinen Dinge in unserem Leben zu schätzen und zu feiern, folgen nämlich häufig die spektakulären Durchbrüche.

Als Jesus in Johannes 6,5 bemerkte, dass die Menge hungrig war, sagte er: *„Wo kaufen wir Brot, damit diese essen können?"* Mir gefällt der darauffolgende Vers, wo es heißt: *„Das sagte er aber, um ihn auf die Probe zu stellen."* Verzweifelt suchten die Jünger nach einer Lösung, und dann sahen sie einen Jungen, der fünf Gerstenbrote und zwei kleine Fische bei sich hatte.

Anfänglich verachteten sie diesen kleinen Anfang, da sie nur nach etwas Spektakulärem Ausschau hielten. Jesus jedoch schätzte, was er gerade hatte, und dankte dafür. Beachte, dass sich die Brote und die Fische vor Jesus nicht spektakulär zu einem riesigen

Haufen vermehrten, als er sie nahm und dafür dankte. Vielmehr geschah das Wunder erst, nachdem Jesus für das, was er hatte, gedankt hatte, und anfing, es auszuteilen.

Wenn wir damit beginnen, die kleinen Durchbrüche in unserem Leben zu feiern, dann werden wir den Tag der kleinen Anfänge nicht verachten. Außerdem hilft uns das, mit Gott erfüllt zu bleiben und im Überfluss der übernatürlichen Versorgung zu leben.

Persönliche Anwendung

1. In welchen Bereichen meines Lebens habe ich meine Augen von dem Guten, das bereits in meinem Leben geschehen ist – sei es auch noch so klein – abgewandt?

2. Nimm dir nun fünf Minuten Zeit und schreibe zehn Dinge auf, die du als irgendeine Art von Durchbruch feiern könntest.

3. Im Alten Testament war es Brauch, dass die Israeliten einen Steinhaufen errichteten, um die Dinge, die Gott für sie getan hatte, in Erinnerung zu behalten. Überlege dir, wie du das Wunderbare, das in deinem Leben passiert ist, in Erinnerung behalten kannst.

4. Nimm dir heute einen Moment Zeit, um einem Freund von der Treue Gottes in deinem Leben zu erzählen.

Bete heute Folgendes

Vater, ich danke dir, dass du ein Gott des Überflusses bist. Ich möchte mir jetzt einen Moment Zeit nehmen, um dir für jeden Durchbruch in meinem Leben zu danken, auch für die kleinsten Durchbrüche der Versorgung. Ich bete, dass du mir dabei hilfst, so mit Dankbarkeit erfüllt zu werden, dass ich nie wieder den Tag der kleinen Dinge verachte. Hilf mir, nie wieder ein Wunder von dir zu verpassen, weil ich nur nach den spektakulären Wundern Ausschau halte. Schenk mir Gnade, damit ich die kleinen Dinge, die mir gegeben sind, ganz praktisch verwenden und verteilen kann. Danke, dass du kein Gott bist, der nur gerade genug gibt, sondern einer, der mehr als genug gibt!

KAPITEL 26

Der Gott der Berge und der Täler

Heutiger Bibeltext

Die Knechte des Königs von Aram nun sprachen zu ihm: Ihr Gott ist ein Gott der Berge, deshalb haben sie uns überwunden. Aber lasst uns mit ihnen auf der Ebene kämpfen — gewiss werden wir sie überwinden!

1. Könige 20,23 (SLT)

Sowohl im Heilungsdienst als auch im täglichen Leben erleben wir zuweilen Gipfelerfahrungen. In solchen Momenten fühlt es sich so an, als wäre uns Gott sehr nahe und kämpfe für uns. Aber dann gibt es auch Zeiten, in denen wir uns so fühlen, als befänden wir uns, vom Leben besiegt und geschlagen, in einem Tal. Wenn wir uns gerade in einem Tal befinden, ist es von großer Wichtigkeit, mit Gott erfüllt zu bleiben, indem wir uns selbst daran erinnern, dass unser Gott auch ein Gott der Täler ist und niemals aufhören wird, auf unserer Seite zu kämpfen.

In 1. Könige 20,23 begingen die Syrer einen der größten Fehler, den sie begehen konnten. Die Israeliten hatten die syrische Armee in den Bergen besiegt. Deshalb schlugen die syrischen Berater vor, die Israeliten lieber in der Ebene und in den Tälern anzugreifen, da der Gott Israels nur ein Gott der hohen Berge sei. Also kämpften sie mit ihnen in der Ebene, aber dennoch waren die Israeliten erneut siegreich.

Die gute Nachricht ist also, dass Gott nicht nur ein Gott der Höhen, sondern auch ein Gott der Tiefen ist. Er ist immer bei dir und kämpft für dich an deiner Seite, egal, wo du dich gerade befindest. Dies zu verstehen, ist sehr wichtig, damit du mit Gott erfüllt bleiben kannst. Seine Güte hängt nicht von deinen Umständen ab. Gott ist immer gut und kämpft für dich.

Persönliche Anwendung

1. Wo in meinem Leben habe ich meine Vorstellung von der Güte Gottes nur auf meine Erfolge und die Gipfelerfahrungen meines Lebens gegründet?

2. Wie kann ich mich, wenn ich mich an einem Tiefpunkt meines Lebens befinde, besser daran erinnern, dass Gott immer noch bei mir ist und für mich kämpft?

3. Neige ich dazu, mich in einer Gipfelerfahrung Gott näher zu fühlen oder in den Tälern? Warum? Wie kann ich, ungeachtet meiner Umstände, Gott nahe bleiben?

Bete heute Folgendes

Vater, ich danke dir, dass du immer bei mir bist und für mich kämpfst. Ich danke dir, dass du nicht nur der Gott der Gipfelerfahrungen bist, sondern auch der Gott der Tiefen und Täler. Ich erkläre heute, dass ich mit dir gefüllt bleiben werde, da ich darüber begeistert bin, dass du für mich kämpfst. Deine Güte ist nicht von meinen Umständen abhängig.

KAPITEL 27

Benzin oder Wasser?

Und ihr habt die Salbung von dem Heiligen

1. Johannes 2,20

Einmal erhielt ich einen erschütternden Anruf, in dem mir mitgeteilt wurde, dass eine Person, mit der ich noch vor Kurzem gebetet hatte, gestorben war. Als ich am nächsten Tag zu einer Konferenz fuhr, auf der ich sprechen sollte, fingen die Studenten an, mich in meinem Auto über den Heilungsdienst auszufragen. Ich erzählte ihnen von der Spannung zwischen den unglaublichen Wundern und den schmerzlichen Verlusten, die ich manchmal innerhalb nur eines Tages erlebte und verkraften musste.

Ich sagte ihnen, dass sie mit diesem Problem auf zwei verschieden Arten umgehen können. Entweder könnten sie die Erfolge als Benzin und die Verluste als einen Eimer voll Wasser betrachten, der auf ihr inneres Feuer gegossen wird. Oder sie könnten nicht nur ihre Siege, sondern auch ihre Niederlagen als nur noch mehr Benzin für ihr Feuer betrachten. Ich will, dass mich auch meine Niederlagen näher zu Gott bringen und dass der damit verbundene Schmerz mein Feuer noch weiter anfacht. In diesem Moment überholte mich ein anderes Auto und reihte sich direkt vor mir wieder ein. Auf dem Nummernschild des Wagens stand „More Gas" („mehr Benzin").

Wenn wir es zulassen, dass sich unsere Verluste wie Eimer voll Wasser anfühlen, die auf unser Feuer gegossen werden, dann wird es uns schwerfallen, beständig im Überfluss des Himmels zu leben, den Gott in uns hineingelegt hat. Es ist sehr wichtig, dass wir auf den Überfluss des Himmels ausgerichtet bleiben, damit wir sowohl in Erfolgen als auch in Niederlagen mit Gott erfüllt bleiben können. Lasst uns jede Situation als einen Eimer Benzin betrachten, das auf unser Feuer gegossen wird.

Persönliche Anwendung

1. Welchen Umständen in meinem Leben habe ich erlaubt, wie ein Eimer voller Wasser zu sein, der auf mein Feuer gegossen wurde?

2. Habe ich es zugelassen, dass Niederlagen mich von Gott entfernt haben, oder haben sie mich näher zu Gott gebracht?

3. Wie kann ich mit einem schmerzlichen Verlust in meinem Leben so umgehen, dass er sich auf mein Feuer wie Benzin und nicht wie Wasser auswirkt?

4. Was habe ich aus meinen Niederlagen gelernt, das sich wie Benzin auf mein Feuer auswirken kann?

Bete heute Folgendes

Vater, ich danke dir, dass du den Überfluss deines himmlischen Königreichs jetzt schon in mich hineingelegt hast. Ich danke dir, dass ich eine Salbung des Heiligen habe, die in mir lebt und brennt. Hilf mir zuzulassen, dass sowohl meine Erfolge als auch meine Niederlagen weiteres Benzin auf meinem Feuer sind, das bereits in mir brennt.

KAPITEL 28

Hör auf, dich selbst zu verurteilen!

Heutiger Bibeltext

Frau, wo sind jene, deine Ankläger? Hat dich niemand verurteilt? Sie sprach: Niemand, Herr! Jesus sprach zu ihr: So verurteile ich dich auch nicht. Geh hin und sündige nicht mehr!

Johannes 8,10-11 (SLT)

Ich begegne so vielen Christen, die buchstäblich in Schuld, Verdammnis und Sünde versinken. Doch als diese Frau beim Ehebruch erwischt wurde, sagte Jesus zu ihr: *„Frau, wo sind jene, deine Ankläger? Hat dich niemand verurteilt?"* (Joh 8,10). Ist dir dabei schon einmal aufgefallen, dass Jesus die Frau dazu brachte, die Antwort selbst zu verkünden? *„Niemand, Herr!"* (Joh 8,11). Dann sagte Jesus zu ihr: *„So verurteile ich dich auch nicht. Geh hin und sündige nicht mehr!"* (Joh 8,11). Die Kraft, zu gehen und nicht mehr zu sündigen, liegt darin, dass wir erst mal erkennen, dass es in Christus eigentlich keine Verdammnis mehr gibt. Als Christen sind wir ja in Jesus, und Jesus verurteilt sich nicht selbst.

Häufig tragen wir für Dinge, die uns schon längst vergeben wurden, Schuld mit uns herum. Wir haben Gefühle der Verdammnis für etwas, was wir viele Jahre zuvor getan und wofür wir schon längst Buße getan haben. Warum glauben wir, dass wir das Recht dazu haben, uns selbst zu verurteilen, wenn es bei Gott keine Verdammnis gibt?

Wenn wir uns selbst nicht vergeben, dann führt das zu Depression und Krankheit. Die Vergebung gehört Jesus. Wenn wir uns weigern, uns selbst zu vergeben, setzen wir uns an Jesu Stelle und legen letztlich einen höheren Maßstab fest als Gott selbst. Wir dürfen uns – im Sinne von Selbsteinschätzung – beurteilen, doch sollten wir uns nicht verurteilen.

Verdammnis hat bei uns nichts zu suchen. Wenn Gott uns nicht verurteilt hat, dann dürfen wir uns auch selbst nicht verurteilen. Falls wir Verdammnisgefühle zugelassen haben, dann müssen wir davon umkehren, dass wir uns an Gottes Stelle gesetzt haben.

Wir werden nie von Gott erfüllt bleiben, wenn wir der Selbstverdammnis Raum geben. Das wäre so, als würden wir versuchen, ein Auto zu fahren, das ein Loch im Benzintank hat. Genauso schnell wie das Benzin hineingekommen ist, wird es auch wieder herauslaufen. Und dann wundern wir uns, warum wir nicht so funktionieren, wie Gott uns geschaffen hat.

Öffne nun deinen Mund und verkünde: „Niemand, einschließlich mir selbst, verurteilt mich." Und dann beginne, jenes Leben der Freiheit zu leben, für das Jesus bezahlt hat.

Persönliche Anwendung

1. Bin ich mir bewusst, dass Jesus für all meine Sünde, Schuld, Scham, Krankheit und Verdammnis bezahlt hat?

2. Gibt es Dinge in meiner Vergangenheit, weswegen ich immer noch Schuld und Verdammnis empfinde?

3. Gibt es Bereiche in meinem Leben, in denen ich nicht so streng mit mir sein sollte?

4. Nimm dir einen Moment Zeit und bitte Jesus, dir zu zeigen, was er über dich denkt.

Bete heute Folgendes

Vater, ich danke dir für deine große Liebe, die du für mich hast. Am Kreuz hast du Jesus, der keine Sünde kannte, für mich zur Sünde gemacht, damit ich deine Gerechtigkeit werden konnte. Ich danke dir Jesus, dass du ein für alle Mal für meine Sünden gestorben bist. Du bist gestorben, um all meine Schuld und all meine Strafe von mir zu nehmen. Du hast meine Sünden ein für alle Mal getragen. Deshalb halte ich mich selbst in Bezug auf Schuld, Verdammnis und Strafe für alle meine Sünden ebenfalls für tot, denn du hast sie für mich getragen. Ich danke dir Vater, dass ich die Gerechtigkeit Christi bin, und das nicht aufgrund meiner guten bzw. schlechten Werke. Ich verkünde, dass ich nicht mehr mit dem Gedanken spielen werde, dich in irgendeiner Weise verärgert zu haben. Ich verkünde, dass es stimmt, wenn das Wort Gottes sagt, dass ich die Gerechtigkeit Gottes bin. Ich bin jetzt – unabhängig von meinen Werken – die Gerechtigkeit Gottes in Christus.

KAPITEL 29

Jesus auf jeder Seite der Bibel finden

Heutiger Bibeltext

> *Denn durch ihn ist alles, was es im Himmel und auf der Erde gibt, erschaffen worden: das Sichtbare und das Unsichtbare; Thronende und Herrschende; Mächte und Gewalten; alles ist durch ihn und für ihn geschaffen.*
>
> Kolosser 1,16 (NeÜ)

Eine Sache, die mir am meisten hilft, von Gott erfüllt zu bleiben, ist, die Erkenntnis, dass ich Jesus auf jeder Seite der Bibel finden kann. Er ist in allen Lebensumständen gegenwärtig, und es ist ein Abenteuer, ihn zu finden und zu entdecken. Es bereitet mir Freude, Jesus jeden Tag meines Lebens in meinen Umständen wiederzufinden. Es hilft mir, mit ihm verbunden zu bleiben und ihn als Zentrum meines Lebens zu haben, damit mein Leben nicht nur von meinen Erfahrungen allein bestimmt wird. Ich freue mich über meine Erfahrungen, aber noch wichtiger ist mir, dass er mein Mittelpunkt ist und bleibt.

Auch wenn Sachen schieflaufen und du durch schwierige Zeiten gehst, ermutige ich dich, nach Jesus Ausschau zu halten. Halte Ausschau nach dem Guten und nach dem, was du durch diese Situation lernen kannst.

Wenn du die Bibel liest, dann genieße es, Jesus auf jeder Seite zu entdecken. Im Matthäusevangelium erscheint er als Mensch (im Fleisch) und ist doch gleichzeitig immerwährend. In der Bibel ist er vom Anfang bis zum Ende gegenwärtig. In 1. Mose findest du Jesus als den zweiten Adam und in 2. Mose als den Stab, der das bittere Wasser berührte und es süß machte. Der Stab repräsentiert einen Baum, der Baum repräsentiert das Kreuz, und wenn das Kreuz etwas Bitteres in deinem Leben berührt, dann wird es süß werden! Du wirst ihn auch in der Gestalt von Isaak, Abraham, Boas, Gideon und Josef (dem Sohn Jakobs) wiederfinden. Bibel-kenner sagen, dass Josef der Person Jesu am meisten ähnelt. Ich habe mehr als vierzig Gemeinsamkeiten zwischen den beiden gefunden.

Jesus wartet darauf, entdeckt zu werden. Er versteckt sich nicht vor dir; er versteckt sich für dich und freut sich sehr, wenn du ihn entdeckst.

Persönliche Anwendung

1. Wie zentral ist Jesus für mein alltägliches Leben als Christ?

2. Mit welcher Person in der Bibel möchte ich mich näher befassen, um deren Ähnlichkeiten mit Jesus zu entdecken?

3. Bleibe ich Jesus-zentriert, auch wenn Umstände in meinem Leben schieflaufen?

4. Was kann ich praktisch dafür tun, dass Jesus der Mittelpunkt meines Lebens bleibt?

Bete heute Folgendes

Jesus, ich danke dir, dass alle Dinge durch dich und für dich geschaffen wurden. Hilf mir, dich in jeder Situation und auf jeder Seite der Bibel wiederzufinden und dass du der Mittelpunkt in meinem Leben bleibst. Du bist wunderbar!

KAPITEL 30

Die Gabe der Gerechtigkeit

Heutiger Bibeltext

> *Denn wenn durch die Übertretung des einen der Tod durch den einen geherrscht hat, so werden viel mehr die, welche den Überfluss der Gnade und der Gabe der Gerechtigkeit empfangen, im Leben herrschen durch den einen, Jesus Christus.*

> Römer 5,17

Dies ist ganz bestimmt einer meiner Lieblingsverse in der Bibel. Wenn ich als Kind Jakobus 5,16 (SLT) las, wo es heißt: *„Das Gebet eines Gerechten vermag viel, wenn es ernstlich ist"*, dachte ich immer, es gehe darum, dass das Gebet eines „Vollkommenen" viel vermag.

Als junger Pastor, der Gott gerade zu entdecken begann, lernte ich dann, dass Gerechtigkeit eigentlich eine Gabe ist. Als ein gerechter Mensch konnte ich erwarten, dass sich der Himmel wegen meiner Gebete in Bewegung setzt. Ich wurde sehr dankbar dafür, dass es nicht länger meine eigene Vollkommenheit war, die den Himmel bewegen sollte, sondern die Vollkommenheit Christi.

Um über die Umstände in meinem Leben herrschen zu können, muss ich verstehen, dass Gerechtigkeit eine Gabe ist. Meine Gebete werden nicht aufgrund meiner Vollkommenheit, meines Verdienstes, meiner Werke oder Taten erhört, sondern weil ich die Gabe der Gerechtigkeit empfangen habe. Ich bin gerecht und kann nicht gerechter werden als an dem Tag, an dem ich Jesus in mein Leben aufgenommen habe!

Fall du dies nun liest und denkst, ich würde damit ein Leben befürworten, das nicht gottgefällig ist, dann liegst du falsch. Wenn wir unsere Gerechtigkeit (unseren rechten Stand vor Gott) wirklich verstehen, dann werden wir über die Sünde und jeden anderen Lebensumstand herrschen.

Die Teilaussage aus Römer 5,17 *„… welche den Überfluss der Gnade und der Gabe der Gerechtigkeit empfangen …"* zeigt auf, dass Gerechtigkeit in der Tat ein Geschenk ist. Und die beste Art ein Geschenk zu empfangen ist, „Ja, bitte," und „Vielen Dank" zu sagen!

Dies ist ein sehr wichtiger Vers, wenn wir von Gott erfüllt bleiben wollen. Er hilft uns zu verstehen, dass Gerechtigkeit ein Geschenk ist und dass wir mit Gott im Reinen sind, weil wir dieses Geschenk empfangen haben. Wir versuchen nicht, unsere Gerechtigkeit zu erarbeiten, sondern handeln aus seiner Gerechtigkeit heraus, da wir bereits gerecht gemacht sind.

Persönliche Anwendung

1. Inwiefern denke ich hinsichtlich Gerechtigkeit immer noch an Leistung?

2. Was kann ich dafür tun, um meine Gerechtigkeit und die Tatsache, dass ich als Gläubiger schon jetzt mit Gott im Reinen bin, besser zu verstehen?

3. Lies die Geschichte in Matthäus 15,21-23. Stelle dir nun die Frage, weshalb Jesus in Vers 23 der Frau „nicht ein Wort" antwortete? Du kannst in meinem Buch *In Gottes Heilungskraft leben*[1] nachlesen, was ich dazu in Erfahrung gebracht habe.

---

[1] Chris Gore, *In Gottes Heilungskraft leben*, 3. Aufl., GloryWorld-Medien, Xanten 2016.

4. Wenn der Vers in 1. Johannes 4,17 „*... denn wie er ist, sind auch wir in dieser Welt ...* " stimmt, wie ist „er" dann und zu was macht dich das?

Bete heute Folgendes

Vater, ich danke dir, dass Gerechtigkeit ein Geschenk von dir ist und dass ich sie nicht durch Werke oder Taten verdienen kann. Ich danke dir, dass ich gerecht bin und nicht gerechter werden kann als an dem Tag, an dem ich Christus in mein Leben aufgenommen habe. Ich bitte dich, dass du mir noch tiefer offenbarst, was Gerechtigkeit ist, damit ich in der Freiheit wandeln kann, die du errungen hast, und im Leben herrschen kann.

Stelle dich jetzt vor einen Spiegel und verkünde laut über dir: „Ich bin die Gerechtigkeit Christi."

Kapitel 31

Die Reise genießen

Heutiger Bibeltext

Ich weiß, was es heißt, sich einschränken zu müssen, und ich weiß, wie es ist, wenn alles im Überfluss zur Verfügung steht. Mit allem bin ich voll und ganz vertraut: satt zu sein und zu hungern, Überfluss zu haben und Entbehrungen zu ertragen. Nichts ist mir unmöglich, weil der, der bei mir ist, mich stark macht.

Philipper 4,12-13 (NGÜ)

Es ist für niemanden eine Überraschung, dass unser Lebensweg viele Kurven und Windungen hat und sowohl Berge hinauf als auch in Täler hinab führt. Es gibt Zeiten des Überflusses und Zeiten der Not, Zeiten der Hoffnung und Zeiten der Verzweiflung. Wir sollten uns bewusst sein, dass wir uns auf einer Reise befinden. Das Beste, was wir tun können, ist, diesen abenteuerlichen Wachstumsprozess des Glaubens zu genießen. Wir werden gewisse Erfolge erleben, die voraussetzen, dass wir zuvor Versagen erleben. Dennoch können wir aus diesen Erfahrungen lernen und den Prozess des Wachsens genießen.

Einer meiner Freunde ist ein sehr erfolgreicher Geschäftsmann. Er erzählte mir einmal, dass er durch schlechte Investitionen schon Millionen von Dollar verloren habe. Was er jedoch danach sagte, haute mich aus den Socken. Er erklärte mir, er sehe solche Vorfälle nie als Verlust an, sondern vielmehr als Forschungs- und Entwicklungskosten. Er werde durch jede seiner Erfahrungen schlauer, weil er aus jedem Versagen etwas lerne. Dies sei der Grund, warum er heute so erfolgreich sei.

Auch mein Weg hin zum Übernatürlichen enthielt viele Zeiten, in denen ich keinerlei Durchbrüche erlebte. Ich musste lernen, mir deshalb keine Vorwürfe zu machen und den Wachstumsprozess mit Gott zu genießen. Eines Tages, als ich mir wegen einer bestimmten Situation heftige Vorwürfe machte, sprach Gott deutlich zu meinem Herzen und fragte mich, was ich denn gerade täte. „Mich selbst bestrafen", erwiderte ich. Er entgegnete mir: „Mein Sohn, Jesus hat deine ganze Strafe schon längst auf sich genommen, also hör auf damit, dich selbst zu verurteilen und zu bestrafen. Fang an, den Wachstumsprozess auf deiner Reise zu genießen." Dies war ein sehr existentieller Moment für mich. Ich erkannte, dass ich mit mir nicht so hart ins Gericht gehen durfte und nicht das Recht hatte, mich selbst zu bestrafen.

Lieber Leser: Was dir derzeit auch immer Mühe macht, lerne, den Prozess zu genießen, und ordne ihn dem Bereich Forschung und Entwicklung zu. Lerne, zufrieden zu sein, und dies aus dem einfachen Grund, weil du Jesus hast.

Persönliche Anwendung

1. Habe ich mich schon einmal für gewisse Dinge selbst bestraft?

2. Nimm dir einen Moment Zeit, um dich auf das Kreuz zu konzentrieren und darauf, dass Jesus den Preis für dich in voller Höhe bezahlt hat.

3. Welche Situationen, in denen ich mich momentan befinde, könnte ich als Forschungs- und Entwicklungsprozesse ansehen und aus diesen Erfahrungen lernen?

4. Welche Lehren habe ich aus Fehlern und Versagen bereits gezogen?

Bete heute Folgendes

Vater, ich danke dir, dass ich mich in einem Lern- und Wachstumsprozess mit dir befinde. Ich bitte dich, dass du mir dabei hilfst, diesen zu genießen, und mich lehrst, gnädig mit mir selbst umzugehen. Hilf mir, über mich selbst zu lachen. Ich danke dir für mein Forschungs- und Entwicklungsbudget und dass ich bereits einen Reichtum an Erfahrung habe, aus dem ich schöpfen kann. Hilf mir, sowohl in Zeiten des Mangels als auch in Zeiten des Überflusses zufrieden zu sein, weil ich Christus habe.

KAPITEL 32

Alle Dinge

Heutiger Bibelvers

Wir wissen aber, dass denen, die Gott lieben, alle Dinge zum Guten mitwirken, denen, die nach seinem Vorsatz berufen sind.

Römer 8,28

Dieser Vers berührt mein Herz und erfüllt mich mit ewiger Hoffnung. Das Wort „alle" bedeutet ausnahmslos „alle". Es bedeutet nicht nur die Hälfte deiner Schwierigkeiten oder alles, außer den Dingen, die dir wichtig sind. Das Wort „alle" hat nur eine Bedeutung, nämlich: „alle".

Eines Tages dachte ich hinsichtlich einer Situation mit unserer Tochter und anderer Anliegen, die mir wichtig waren, über diesen Bibelvers nach. Ich studierte den ganzen Vers und erinnerte mich daran, dass „alle" wirklich „alle" bedeutet. Allein dies ermutigte mich bereits. Gott möchte sich um jedes Detail unseres Lebens kümmern. Ihm sind alle Kleinigkeiten und alles, was uns betrifft, wichtig. Als ich über diesen Vers und seine Anwendung nachdachte, erhielt ich eine SMS von einer Freundin von mir. Sie war gerade aus einem Traum aufgewacht und sagte mir, dass Gott alle Dinge in meinem Leben zum Guten wenden und er sich um jedes Detail kümmern würde. Dies zu hören, war so ermutigend!

Gott kann und wird alle Dinge zum Guten führen, egal, welche Sorgen du heute hast; egal, welche Situation dich heute zu überwältigen scheint, was es auch ist und wie schlimm es auch aussieht. Manchmal sind wir mitten in der Situation nicht in der Lage zu sehen, wie sich dies bewahrheiten könnte. Wenn wir jedoch zu einem späteren Zeitpunkt darauf zurückschauen können, sehen wir Gottes unglaubliche Webkunst in unserem Leben und wie alle Dinge zum Guten mitgewirkt haben. Manchmal ist das Beste, was wir tun können, zur Ruhe zu kommen, im Wissen, dass Gott für uns aktiv ist.

Persönliche Anwendung

1. Sorgst du dich um Dinge in deinem Leben, von denen du glaubst, dass sich Gott nicht darum kümmert?

2. Denke nun an eine schwierige Situation aus deiner Vergangenheit, die Jesus im Nachhinein zum Guten geführt hat.

3. Nimm dir einen Moment Zeit, um Gott dafür zu danken, dass er in einem bestimmten Bereich deines Lebens, in dem du momentan vor Herausforderungen stehst, alles zum Guten wenden wird.

4. Meditiere während des heutigen Tages über Römer 8,28 und bitte Gott, dir in einen Bereich deines Lebens, der dir Sorgen bereitet, Einsicht zu geben.

Bete heute Folgendes

Danke, Heiliger Geist, dass du dich für all unsere Belange interessierst. Danke, dass du uns alle Dinge zum Guten mitwirken lässt, was auch schwierige und unmögliche Situationen miteinschließt und solche, die ein schnelles Eingreifen Gottes erfordern. Danke, dass du nur gute Pläne für mich hast. Ich bitte dich darum, mich immer wieder daran zu erinnern, dass du tatsächlich alle Dinge für mich zum Guten mitwirken lässt. Danke Jesus.

KAPITEL 33

Sich Zeit zum Ausruhen nehmen

Heutiger Bibeltext

Als Boas nun gegessen und getrunken hatte und sein Herz fröhlich wurde, da kam er, um sich am Ende des Getreidehaufens hinzulegen. Da kam sie leise, deckte sein Fußende auf und legte sich hin.

Ruth 3,7

Vor einigen Jahren war ich sehr damit beschäftigt, Großes für den Herrn zu tun. Ich erinnere mich noch an den Tag und könnte dir auch den Ort zeigen, an dem Gott zu meinem Herzen sprach. Es war beinahe, als würde Gott hörbar zu mir sprechen: „Du liebst das, was du für mich tust, mehr, als du mich liebst und mich genießt." Wir alle wollen für Gott Großes vollbringen, und viele von uns sind auch dazu berufen. Ich selbst bin so, dass ich nicht einfach herumsitzen und nichts tun kann.

Ruths Geschichte ist eine meiner Lieblingsgeschichten, und worüber Gott zu mir gesprochen hatte, ist teilweise darin enthalten. Ruth war eine Moabiterin und Boas ein Jude. Sie hatte ihren Ehemann verloren und war mittel- und heimatlos. Ihre Schwiegermutter hatte von einem reichen, jungen Mann namens Boas gehört. Dieser gestattete Ruth, die restlichen Ähren hinter den Schnittern aufzusammeln, um sich selbst und ihre Schwiegermutter Naomi zu versorgen.

Auf Veranlassung ihrer Schwiegermutter wagte es Ruth, Boas um Mitternacht zu besuchen, und sie fand ihn schlafend. Sie deckte sein Fußende auf und legte sich dort hin. Boas wachte erschrocken auf und Ruth stellte sich ihm vor. Schließlich „erlöste" er Ruth, indem er sie zur Frau nahm.

Wenn wir uns die Zeit nehmen, um zu den Füßen unseres Herrn zu sitzen, die Gemeinschaft mit ihm genießen und Zeit im Lobpreis mit ihm verbringen, dann werden wir alles bekommen, was wir brauchen. Es gefällt ihm, uns aus der Mittellosigkeit heraus in die Versorgung hineinzuführen.

Egal, vor welchen Herausforderungen du heute stehst: Nimm dir Zeit, deinen himmlischen Boas, Jesus Christus, zu erkennen. Es ist keine Zeitverschwendung, sich eine Pause vom Stress des Lebens zu gönnen, um zur Ruhe zu kommen. Wenn du ihn anbetest und als den Versorger aller deiner Bedürfnisse anerkennst, kann dies zu einer sehr wohltuenden und befriedigenden Zeit werden. In solchen Zeiten haben wir die Möglichkeit, uns zu demütigen, indem wir Gott groß machen und ihm erlauben, sein erfrischendes Leben in uns hineinfließen zu lassen. Er ist unser blutsverwandter Er-Löser!

Persönliche Anwendung

1. Nehme ich mir eine Auszeit vom Beschäftigtsein, um mich zu den Füßen Jesu zu erholen und mich an ihm zu erfreuen?

2. Wie kann ich mehr Mensch „sein", als nur Dinge zu „tun"?

3. Erkenne ich, dass Jesus mein Versorger ist und alles Gute von ihm kommt, oder bin ich mehr darüber besorgt, wie ich auf natürlichem Wege zu meiner Versorgung gelange?

4. Wie kann ich Jesus in meinem Leben größer machen? (Hinweis: Er kann nicht noch größer gemacht werden als er schon ist, aber wir können unsere Perspektive von ihm ändern.)

Bete heute Folgendes

Vater, ich danke dir, dass es dein Herz erfreut, wenn ich mir Zeit nehme, mich zu deinen Füßen auszuruhen. Hilf mir, dass ich mir inmitten meines geschäftigen Lebens Zeiten der Erfrischung gönne, in denen ich dich in einer demütigen Haltung erheben kann und von dir erfrischt werde. Ich danke dir, dass du mich von Herzen gerne versorgen möchtest und dass ich zu deinen Füßen alles empfangen kann, was du für mich hast.

Eine Begegnung mit dem erlösenden Herzen Gottes

Der nächste Teil des Buches ist jenen wundervollen Männern Gottes gewidmet, die ich kennenzulernen durfte, als ich in einem amerikanischen Gefängnis diente.

Ein Wort an die Männer in jenem Gefängnis

Ich möchte jedem Einzelnen von euch für das danken, was ich von euch empfangen habe. Ich kam mit dem Gedanken zu euch, dass ich euch dienen würde, doch bin ich derjenige, der durch euch bereichert wurde, weil ihr mein Herz tief berührt habt. Es war wahrlich der Höhepunkt meines Jahres, und ich freue mich bereits, euch wiederzusehen. Ihr seid ein Schatz im Herzen Gottes.

Die Reise ins Übernatürliche ist in Wirklichkeit eine Reise zum Herzen des Vaters. Mein einziges Verlangen ist es, ihn besser kennenzulernen und zu verstehen, was er den Menschen gegenüber auf dem Herzen hat. Im Frühling 2016 hatte ich die Gelegenheit, in einem der größten Gefängnisse der USA zu dienen. Während dieses Besuches hatte ich eine Begegnung mit dem Herzen des Vaters und erlebte Gottes erlösendes Wesen auf neue Weise.

Die Männer in diesem Gefängnis absolvieren die *Bethel School of Supernatural Ministry* (Bethel Schule für den übernatürlichen Dienst) mittels DVDs und ich kann ehrlich sagen, dass sie eine der hungrigsten Gemeinden auf der Welt sind, die ich jemals besucht habe. Zu erleben, wie diese Männer für Jesus brennen, war äußerst inspirierend. Sie forderten mich heraus, auf eine neuen Glaubensebene zu kommen. Sie lernen nicht, um wegen guter Führung früher aus dem Gefängnis herauszukommen, denn viele von ihnen werden die Freiheit außerhalb der Gefängnismauern nie wieder erleben. Dennoch waren viele von ihnen die freiesten Männer, denen ich jemals begegnet bin.

Als ich mich mit einer kleineren Gruppe dieser Männer traf, war ich mittendrin, dieses Buchprojekt zum Abschluss zu bringen, und so lud ich sie ein, sich daran zu beteiligen und jeweils ein Kapitel darüber zu schreiben, wie sie selbst mit dem Überfluss des Himmels erfüllt bleiben. Ich wollte ihnen eine Stimme verleihen. Ich dachte mir, wenn man bereits länger in einem Gefängnis eingesperrt ist, als ich bisher gelebt habe und immer noch für Jesus brennt, dann hat man sicherlich etwas, worüber man schreiben kann! (Einer von ihnen musste die ersten siebzehn Jahre seines Gefängnisaufenthaltes in Einzelhaft verbringen.) Innerhalb von nur einer Woche hatte ich alle der nun folgenden Seiten beieinander, durch die ich selbst zutiefst bewegt und ermutigt wurde. Ich habe sie sozusagen als Bonusseiten eingefügt und bete, dass du durch sie eine neue Begegnung mit dem erlösenden Herzen des Vaters erlebst. Er liebt es, das herzunehmen, was die Welt abgeschrieben hat, und es in einen großen Schatz zu verwandeln.

In Liebe,

Chris Gore

KAPITEL 34

Zweifle nicht

Von Rudy

Heutiger Bibeltext

Er zweifelte nicht an der Verheißung Gottes durch Unglauben, sondern wurde stark durch den Glauben, indem er Gott die Ehre gab und völlig überzeugt war, dass Er das, was Er verheißen hat, auch zu tun vermag.

Römer 4,20-21 (SLT)

Die meisten Tage verbringe ich damit, Leute zu ermutigen. Ich ermutige sie dazu, sich am Wort Gottes sowie an den Verheißungen festzuhalten, die durch einen Bruder oder eine Schwester oder durch das Wort bzw. den Heiligen Geist selbst über ihr Leben ausgesprochen wurden. Manchmal befinden wir uns in schwierigen Umständen und lassen es zu, dass diese unsere Gefühlslage und das Maß unseres Glaubens bestimmen.

In der Bibel steht: *„Der Glaube kommt also aus dem Hören der Botschaft und die Verkündigung aus dem Wort von Christus."* (Römer 10,17 NEÜ). Erst vor kurzem machte eine Freundin von mir eine schwierige Zeit durch und fühlte sich am Boden zerstört und etwas überfordert. Also erzählte ich ihr von einer persönlichen Erfahrung mit meiner Tochter.

Vor drei Jahren wurde meine Tochter hinsichtlich unserer Vater-Tochter-Beziehung sehr wütend auf mich und hörte auf, mit mir zu reden. Das verletzte mich sehr und ich brachte es vor den Herrn. Der Herr zeigte mir im Geist, dass er derzeit die Herzen der

Väter den Herzen der Töchter und die Herzen der Töchter den Herzen der Väter zuwendet, wie es in Maleachi 4,6 heißt. Dann bekam ich von jemandem ein Wort, dass mein Dienst ein Dienst der Versöhnung sein würde.

Ich erzählte dieser Freundin, ich würde diese Verheißungen immer noch verkünden und daran glauben, obwohl es damals nicht danach aussah, als seien wir versöhnt, da dieser Vorfall schon drei Jahre zurücklag. Ich beharrte jedoch darauf, dass das Wort meines himmlischen Papas niemals leer zurückkommt.

Ungefähr zwei Monate später bat ich diese Freundin darum, das Facebook-Profil meiner Tochter zu suchen, und dadurch wurden sie Facebook-Freunde. Sie sandte mir danach einen Brief mit einigen Bildern und dem Wort „genieße es". Meine Tochter hatte auf ihrer Facebook-Seite ungefähr zehn Fotos von sich in meinen Armen und auch ein paar von ihr, die jüngeren Datums waren. Das gab mir den Eindruck, dass das Herz meiner Tochter in den Armen ihres Vaters war.

Das Wort Gottes stellt sich immer als wahr heraus. Wenn also das nächste Mal deine äußeren Umstände nicht so rosig aussehen, dann halte am Wort Gottes fest und vertraue ihm einfach.

Persönliche Anwendung

1. Welche Verheißungen hat Gott dir gegeben?

2. Proklamierst du diese Verheißungen über deinem Leben?

Bete heute Folgendes

Vater, ich bin so dankbar für deine Liebe. Ich vertraue auf dich. Du bist mein Zufluchtsort und meine Festung. Ich weiß, dass die Worte, die ich von dir empfangen habe, eine größere Realität darstellen als meine Umstände. Danke, dass du mir gezeigt hast, wie du mich siehst. Jesus, du regierst über allem!

Kapitel 35

Vertraue und überwinde

Von Michael

Heutiger Bibeltext

„Ich vermag alles durch den, der mich stark macht, Christus."

Philipper 4,13 (SLT)

Nachdem ich jetzt schon dreiundzwanzigeinhalb Jahre meiner lebenslangen Haftstrafe abgesessen habe, kann ich zurückblicken und erkennen, wie Gott mir geholfen hat, aufzuwachen und den nächsten Schritt zu wagen. Manchmal gibt uns Gott das, was wir brauchen, und nicht das, was wir wollen. Er benutzt sein Wort, um uns in jedem Bereich unseres Lebens aufzubauen.

Obwohl ich vor etwas mehr als sieben Jahren glaubte, für die Entlassung aus dem Gefängnis bereit zu sein, verordnete mir Gott einen Prozess der Wiederherstellung. Nachdem mein erster Antrag auf Freilassung auf Bewährung abgelehnt wurde, erhielt ich die Gelegenheit, eine Berufsausbildung im Bereich Computeranwendung zu absolvieren. Dies öffnete mir weitere Türen, wodurch ich Erfahrungen mit der wirklichen Welt draußen sammeln konnte.

Drei Jahre später wurde auch mein zweiter Bewährungsantrag abgelehnt. Ich bekam den Ablehnungsbescheid per Post zugesandt und es verletzte mich sehr, dass mir nicht die übliche Höflichkeit entgegengebracht wurde und ich den Brief persönlich überreicht bekam. Ich hatte wirklich gedacht, dass es dieses Mal klappen würde, aber es sollte nicht sein. Damals ging ich gerade durch eine Zeit, in der ich tief im Wort Gottes gegründet wurde. Ich hatte keine

Arbeit, aber genügend Zeit, mich tiefer mit dem Wort Gottes zu befassen, und begann, in meinem Glauben zu reifen.

Dann öffnete Gott mir eine Tür und ich wurde in einem Wohnheim untergebracht, in dem nur Gläubige zusammenlebten. Außerdem bekam ich eine Arbeit, bei der ich mit Computern zu tun hatte und mich in mehreren Bereichen weiterbilden konnte. In meinem Herzen war ich mir nun sicher, dass diesmal meinem Antrag endlich stattgegeben werden würde. Zu meiner Bestürzung bekam ich meine dritte Absage. In jener Zeit lernte ich tiefer zu verstehen, was bedingungslose Liebe ist.

Gott hat mich durch drei verschiedene Phasen der Ablehnung meines Bewährungsantrags gehen lassen, er hat mir jedoch dabei geholfen, dass Philipper 4,13 in meinem Alltag zu einer Realität wurde.

Persönliche Anwendung

1. Wie kann ich auf denjenigen ausgerichtet bleiben, der über allen Umständen steht?

2. Welche Fragen muss ich mir stellen, damit ich mich durch widrige Umstände nicht aufhalten lasse?

3. Welche Strategie kann ich verfolgen, damit ich mit Gott erfüllt bleibe, egal was passiert?

4. Wie kann ich dem Beispiel Davids folgen, der sich selbst im Herrn stärkte?

Proklamiere heute:

Ich erkläre heute, dass meine Augen auf Gott gerichtet bleiben. Meine Umstände dürfen meine Entscheidungen nicht bestimmen. Ich verkünde Philipper 4,13 über meinem Leben: *„Ich vermag alles durch den, der mich stark macht, Christus."* Heute werde ich den Herrn anbeten und preisen, wie David es getan hat. Ich werde den Namen Jesus anrufen und mit Gott erfüllt bleiben.

KAPITEL 36

Die Umarmung des Himmels

Von Jeff

Heutiger Bibeltext

Paulus lief hinunter, beugte sich über ihn und nahm ihn in die Arme. „Habt keine Angst", sagte er, „er lebt!"

Apg 20,10 (NLB)

Vor etwa einem Jahr ging ich durch eine sehr schwierige Zeit. Ich hatte in meinem Leben und Dienst schon immer Probleme mit Ablehnung und Co-Abhängigkeit gehabt, und nun fingen plötzlich auch noch einige Leute aus meinem engsten Freundeskreis an, mich abzulehnen. Der Grund lag hauptsächlich in Missverständnissen und Fehlkommunikation, doch kamen sie auch daher, dass ich aus diesen Beziehungen mehr Kraft schöpfte als aus der Beziehung zu Jesus. Als dieser enge Freundeskreis zu bröckeln begann, begann auch ich zu verfallen.

Ich danke Gott, dass ich gelernt hatte, mich in harten Zeiten näher ans Herz des Vaters zu drücken. Es war eine intensive Zeit und es kam so weit, dass ich mit dem Herrn ganz alleine war. An diesem Punkt hätte ich wahrscheinlich sowieso schon die ganze Zeit sein sollen.

Eines Nachmittags lief ich im hinteren Teil des Wohnheims, in dem ich wohnte, umher. Das Wohnheim ist etwa 12 Meter breit und so ging ich dort auf und ab und schrie zum Vater. Ich bat Jesus ganz spezifisch darum, der Mittelpunkt meines Lebens zu werden. Auf einmal sah ich Jesus genau dort im Wohnheim direkt vor mir stehen. Ich fiel vor seinen Füßen nieder und schlang meine Arme um seine Beine. Ich wusste sogleich, dass er meine dreifache Schnur war (vgl. Pred 4,12). Er sagte mir, ich solle aufstehen. Ich stand auf und er umarmte mich inniglich. Ich fing einfach an zu weinen und Jesus hielt mich ganz fest in seinen Armen. Er sagte: „Genau da will ich dich haben. Ich liebe dich so sehr. Ich bin so stolz auf dich. Ich glaube an dich. Sorge dich jetzt einmal nicht um die anderen. Ich arbeite an ihnen. Du bleibst einfach hier in meiner Umarmung. Da gehörst du hin. Aus dieser Umarmung heraus musst du dein Leben führen."

Es war ein gewaltiger Moment, der mein Leben total veränderte. Als ich den obigen Vers las, in dem Paulus den Körper des jungen Eutychus in die Arme nahm, konnte ich ganz klar hören, wie der Vater sagte: „Erinnere dich daran, dass die Umarmung des Himmels Leben schenkt." Damals, als Paulus in Troas war, manifestierte sich dieses Leben auf buchstäbliche und physische Weise. Diese Wahrheit zeigt sich jedoch auch tagtäglich auf der ganzen Welt, wenn Menschen zu jenem Leben hingezogen werden, das nur in der Umarmung Jesu gefunden werden kann.

Möchtest du die Kraft zum Überwinden und die Kraft, die Welt zu verändern? Dann begib dich in Jesu Arme und lerne, dein Leben aus diesem Ort heraus zu leben.

Persönliche Anwendung

1. Wo nehme ich meine Kraft und Stabilität her?

2. Wie gut kenne ich das Herz des Vaters mir gegenüber?

3. Lebe ich mein Leben aus der Stellung eines geliebten Sohnes bzw. einer geliebten Tochter des Königs heraus?

4. Was hindert mich daran, jeden Tag in der Umarmung von Jesus zu leben?

Bete heute Folgendes

(Dieses Gebet stammt aus meinem persönlichen Gebetstagebuch, nur wenige Tage nach meiner Vision von Jesus.)

Vater, zeige mir dein Herz. Das ist mein einziges Ziel und meine Bestimmung. Öffne mein Herz, damit ich alles empfangen kann, was du für mich hast. Lass deine Salbung mit einer solchen Kraft auf mir ruhen, dass die Welt um mich herum davon nicht unbeeinflusst bleiben kann. Ich will, dass meine Gegenwart in einem Raum die Atmosphäre zu deiner Ehre gänzlich verändert. Ich will mehr von dir, Papa! Ich will mein Leben in deiner Umarmung verbringen, denn dies ist der einzige Ort, den ich mein Zuhause nenne. Es ist der Ort, von dem alles Leben fließt. Welch ein herrlicher Ort, wo ich sein und zur Ruhe kommen kann! Danke Papa, dass du ihn zu meinem Ort gemacht hast.

KAPITEL 37

Aus dem Überfluss heraus leben

Von Jeff

Heutiger Bibeltext

Und er stieg zu ihnen in das Boot, und der Wind legte sich. Und sie entsetzten sich sehr über die Maßen; denn sie waren durch die Brote nicht verständig geworden, sondern ihr Herz war verhärtet.

Markus 6,51-52

Gleich nachdem Jesus fünftausend Menschen gesättigt hatte, verbrachte er eine Nacht im Gebet auf dem Berg, während seine Jünger im Boot auf dem See Genezareth unterwegs waren. Einige Stunden zuvor hatte Jesus die fünf Brote und zwei Fische genommen und beobachtet, wie sich diese in den Händen der Jünger vermehrt hatten. Sie hatten so eine geschätzte Zahl von 20.000 Menschen versorgt, wenn man Frauen und Kinder mitzählt. Nicht nur das, sondern auch zwölf Körbe voller Reste wurden eingesammelt. Es war ein absolut umwerfendes Wunder.

Später in jener Nacht war ein Sturm aufgezogen und die Jünger waren auf dem See draußen und kämpften ums Überleben. Der Wind und alle Naturgewalten schienen gegen sie zu sein. Jesus stieg vom Berg herunter und begann, ihnen auf dem Wasser entgegenzugehen. Schon dies hätte sie daran erinnern sollen, wer er war. Zuerst waren sie jedoch total verängstigt, bis sie merkten, dass es Jesus war. Und nachdem er ins Boot gekommen war und der Wind sich gelegt hatte, waren sie völlig außer sich.

Mir geht es dabei eigentlich um die Stelle in Vers 52, „... *denn sie waren durch die Brote nicht verständig geworden ...*", die ich ansprechen möchte. Was hatten sie denn nicht verstanden? Zusammen mit Jesus hatten sie erlebt, wie er ein Wunder nach dem andern gewirkt hatte. Sie hatten gesehen, dass seiner Fähigkeit, die Wirklichkeit der Kraft und Güte des Himmels in reale Situationen auf die Erde zu bringen, keine Grenzen gesetzt waren. Doch anscheinend waren ihre Herzen dem gegenüber, was Jesus durch die Speisung der Menge zum Ausdruck bringen wollte, verhärtet.

Dieses Wunder, das Jesus hier vollbrachte, war nicht nur ein cooles Spektakel. Es resultierte direkt aus der überfließenden Liebe, die Jesus für die Welt hatte. Jedes Wunder, das je geschah, hat einen direkten Zusammenhang mit der Liebe im Herzen des Vaters, die er für die Menschen, die er geschaffen hat, empfindet.

Als Jesus die Brote und die Fische in die Hände der Jünger legte, schuf er buchstäblich eine Verbindung vom Herzen des Himmels zu den Herzen seiner Jünger – eine Verbindung, in welcher der Strom des Lebens floss. Im Angesicht dieses Stromes ist nichts mehr unmöglich. Weder Krankheit noch Not, Chaos, Zerstörung oder der Versuch des Teufels zu stehlen, zu morden und zu zerstören kann vor der Kraft des Lebens, die durch diese Verbindung fließt, standhalten.

Diese Verbindung wurde den Jüngern in die Hände gegeben und man erwartete, dass sie dadurch für immer verändert würden. Und zudem war zu erwarten, dass sie den Fluss des Lebens in ihr Umfeld überfließen lassen würden. Sobald sie einmal mit dem wahren Herzen des Vaters, mit seiner Liebe und seiner Güte verbunden waren, konnte sie kein Sturm je wieder davon ablenken.

Gott wollte, dass sie durch die wunderbare Speisung der Menge verstünden: Wenn Jesus zwei Fische und fünf Brote nehmen und damit 20.000 Leute speisen konnte, konnte das Übriggebliebene bzw. der Überfluss buchstäblich die Welt ernähren. Wie oft hätten die zwölf Körbe mit Überresten vermehrt werden können? Wieviel mehr Menschen hätten damit gespeist werden können? Und was ist mit den Überresten der vermehrten Überreste? Es hätte einfach nie aufgehört.

Dies ist nun die Lektion: Wenn unser Leben wahrhaftig mit dem Herzen des Himmels verbunden ist und der Strom des Lebens mit der ganzen Liebe des Himmels durch uns fließt, dann wird die Welt durch unseren Überfluss, durch unsere Überreste, auf den Kopf gestellt werden. Wir müssen einfach lernen, unser Leben aus diesem Überfluss heraus zu leben.

Persönliche Anwendung

1. Was tue ich, um eine klare und ungehinderte Verbindung zum Herzen des Vaters zu pflegen?

2. Habe ich das Herz der Liebe, das der Vater für mich hat, tief genug in mich aufgenommen, damit mich die Prüfungen, die mir eventuell begegnen, nicht aus der Bahn werfen?

3. Welche Menschen in meinem Umfeld sollte ich nach Gottes Willen gerade jetzt mit dem Überfluss seiner Güte überschütten?

4. Ist meine Vision von dem, was Gott durch mich tun möchte, groß genug?

Bete heute Folgendes

Vater, ich möchte bis zum Überfließen mit der Liebe erfüllt werden, die du für die Menschen hast. Lass mich nicht aufhören, über die Liebe, die du für mich und meine Mitmenschen hast, zu staunen. Ich will in ständiger Erwartung leben, dass du diese Liebe durch deine wundersame Hand offenbarst. Möge sich meine Vision erweitern und möge ich sehen, wie du siehst und lieben, wie du liebst. Lass mich glauben, dass du mir Überfluss geben willst, damit mein Umfeld dadurch für immer verändert wird. Lehre mich, mein Leben aus dem Überfluss dessen zu leben, was du in mich hineinfließen lässt.

KAPITEL 38

Die Gegenwart von Leben

Von Jeff

Heutiger Bibeltext

So tut nun Buße und bekehrt euch, dass eure Sünden ausgetilgt werden, damit Zeiten der Erquickung vom Angesicht des Herrn kommen.

Apostelgeschichte 3,19 (SLT)

Ich bin nun seit mehr als 14 Jahren für ein Vergehen, das ich nicht begangen habe, im Gefängnis. Die fürchterliche Finsternis des Gefängnisses gepaart mit der Dunkelheit von Depression, Enttäuschung, Verlust und einem unbeschreiblichen emotionalen Schmerz hatte mich beinahe erstickt. Doch in den tiefsten Abgründen meiner eigenen Verzweiflung fand ich eine herrliche Wahrheit, die mich aus den Tiefen einer leibhaftigen Hölle buchstäblich zum Thron des lebendigen Gottes katapultiert hat: In der Gegenwart des Herrn gibt es Leben!

Während ich dies schreibe, sitze ich auf der Bank in meiner Zelle. Über meine Kopfhörer höre ich wunderbaren Lobpreis, mein Herz ist von der Freude des Himmels zum Bersten voll, meine Augen laufen mit Tränen der Dankbarkeit zu meinem Vater über. Dies ist der größte aller Widersprüche: Ich bin ein Gefangener und bin dennoch frei. Ich bin von Eisenstäben und Stacheldraht umgeben, und dennoch wollen meine Füße unbedingt tanzen, während ich heute Morgen ins Gesicht meines himmlischen Papas blicke.

Ich habe gelernt, mich in der Gegenwart des Vaters zu verlieren. Ich schließe meine Augen und sehe sein Gesicht. Ich sehe, wie seine Augen voller Liebe für mich zurückblicken. Es ist, als könnte ich ihn mit meinem ganzen Wesen sehen, und es fühlt sich an, als würde ich seine ganze Liebe, seinen ganzen Frieden und seine Güte körperlich in mich aufnehmen, dieweil ich meine Augen nicht mehr von seinem wunderschönen Angesicht abwenden kann.

In der Bibel steht, dass aus den Zeiten, die ich mit ihm verbringe, Erquickung bzw. Erfrischung kommt, doch muss er mir dies nicht schriftlich mitteilen. Ich habe es im wirklichen Leben schon so oft erlebt. Die Definition des Wortes „Erquickung"[1] bedeutet auch „Atemholen" „Aufatmen" oder „Erholung". Genauso fühlt es sich an, wenn ich Auge in Auge mit meinem Vater bin. Ich werde innerlich angerührt, wodurch Ruhe ins Chaos und Freude in die Angst kommt und ich den vollkommenen Frieden, der daher rührt, dass ich das Leben aus einer himmlischen Perspektive heraus lebe, tief einatmen kann. Die Lügen des Feindes, die mich versklavten und erstickten, werden durch das Leben, für das Jesus auf Golgatha bezahlt hat, ersetzt.

Fühlst du dich heute ausgelaugt? Möchtest du mehr vom überwindenden Leben, das Jesus dir anbietet? Hast du ein brennendes Verlangen, das echte Leben des Himmels tief und umsonst einzuatmen? Suche einen Ort auf, wo du mit dem Vater alleine sein kannst. Verlier dich in seiner Gegenwart. Sie ist die wirkliche Quelle des Lebens. Dein Leben wird nie wieder dasselbe sein.

Persönliche Anwendung

1. Wenn es schwierig wird und Dinge schiefgehen, wohin laufe ich dann, um Trost und Kraft zum Überwinden zu finden?

---

[1] Elberfelder Studienbibel mit Sprachschlüssel (anapsyxis).

2. Ist es die erste Priorität in meinem Leben, Zeit in der unmittelbaren Gegenwart des Vaters zu verbringen?

3. Was bin ich bereit zu opfern, um wirklich ein Leben der überfließenden Gegenwart Gottes leben zu können?

4. Will ich mehr davon?

Bete heute Folgendes

> Vater, ich will mehr von dir. Ich möchte die Freiheit des Himmels in meinem Leben haben. Hilf mir, mich in deiner Gegenwart zu verlieren. Hilf mir, dein Angesicht als die Quelle des Lebens zu suchen. Ich bin gespannt darauf, die Tiefen deines Herzens kennenzulernen. Mach mich zu einem Gefäß deiner Gegenwart, das sich ins Leben eines jeden Menschen, dem ich begegne, ergießt. Lass den Strom fließen, Papa! Ich bin bereit, mich von dir überwältigen zu lassen.

KAPITEL 39

Meditieren

Von Kelly

Heutiger Bibeltext

Dieses Buch des Gesetzes soll nicht von deinem Mund weichen, und du sollst Tag und Nacht darüber nachsinnen, damit du darauf achtest, nach alledem zu handeln, was darin geschrieben ist; denn dann wirst du auf deinen Wegen zum Ziel gelangen, und dann wirst du Erfolg haben.

Josua 1,8

Wir meditieren bzw. sinnen ständig über irgendetwas nach. Meditieren kann damit verglichen werden, wie eine Kuh Gras frisst und es danach verdaut. Sie kaut und kaut und lässt dann das, was sie geschluckt hat, erneut hochkommen und kaut es noch einmal. Meditieren bedeutet einfach, über etwas immer wieder nachzudenken. Es ist völlig uns überlassen, worüber wir meditieren. Viele entscheiden sich zu meditieren, indem sie sich Sorgen machen. Das ist eine sinnlose Sache, die uns nur mit negativen Gedanken füllt, was schließlich zu Zweifeln und Entmutigung führt. Sich Sorgen zu machen, macht das Herz krank und dämpft den Geist. Wir können uns jedoch auch dazu entscheiden, über das Wort Gottes zu meditieren. Gottes Wort stärkt uns, gibt uns Hoffnung und fördert unseren Glauben. Es versorgt uns beständig mit der Gnade, die wir benötigen, um jedes Hindernis im Leben zu überwinden.

In der Bibel steht, dass wir unsere Herzen sorgfältig bewahren sollen. Dies kann zuweilen schwierig sein, insbesondere wenn scheinbar alles, was wir sehen, Negativität ausstrahlt. Die Nachrichten in den Medien sind ein Sammelsurium von Gewalt, Mord, Vergewaltigung, Drogenkonsum und anderen Formen der Unmoral. Wenn ich mich auf diese Dinge konzentrieren würde, könnte ich leicht depressiv werden. Mir ist hingegen bewusst, dass die Wahrheit des Wortes Gottes die sichtbare Wirklichkeit übertrifft. Deshalb steht in Matthäus 6,33, dass wir zuerst Gott und sein Königreich suchen sollten und sich dann alles andere fügen wird.

Wir erringen den Sieg nicht dadurch, dass wir uns auf das konzentrieren, was der Feind tut, sondern indem wir uns auf Gott ausrichten und auf das, was er tut. Ebenso müssen wir erkennen, dass unser Glaube sich früher oder später in unserem Handeln ausdrückt. Wir tun die Dinge, die in Übereinstimmung mit unserem Glauben stehen. Stell dir vor, was passieren würde, wenn wir wirklich verstehen, dass er uns dazu gebrauchen möchte, die Welt zu verändern.

Gottes Verheißungen sind ewig und sein Wort ist wahr. Rate mal, was unter dieser Voraussetzung passieren wird? Ich habe die Geschichte zu Ende gelesen, und am Ende werden wir gewinnen!

Persönliche Anwendung

1. Wie würden sich mein Handeln verändern, wenn ich wirklich glauben würde, dass Gott mich dazu gebrauchen will, die Welt zu verändern?

2. Welche Bibelstelle legt mir Gott aufs Herz, dass ich darüber meditiere?

3. Wie kann ich damit anfangen, die Tatsachen der sichtbaren Welt mit der Wahrheit des Wortes Gottes zu ersetzen?

4. Verbringe Zeit allein mit Gott und bitte ihn, dir ein Wort zu geben, auf das du dich stellen kannst, und beginne, darüber zu meditieren. Kannst du anfangen, ihm für das zu vertrauen? Wie kannst du die Verheißungen in Anspruch nehmen, die du noch nicht siehst?

Proklamiere heute Folgendes:

Ich glaube dem Wort Gottes. Seine Verheißungen zeigen sich in meinem Leben. Obwohl ich sie vielleicht noch nicht sehen kann, nehme ich sie im Glauben in Anspruch. Ich wachse und gedeihe und werde sehr erfolgreich sein.

KAPITEL 40

Heuschrecken essen keine Trauben

Von Kelly

Heutiger Bibeltext

Und der Herr redete zu Mose und sprach: Sende Männer aus, dass sie das Land Kanaan auskundschaften. ... Und sie brachten das Land, das sie erkundet hatten, in Verruf bei den Kindern Israels und sprachen: Das Land, das wir durchzogen haben, um es auszukundschaften, ist ein Land, das seine Einwohner frisst, und alles Volk, das wir darin sahen, sind Leute von hohem Wuchs. Wir sahen dort auch Riesen, Söhne Enaks aus dem Riesengeschlecht, und wir waren in unseren Augen wie Heuschrecken, und ebenso waren wir auch in ihren Augen!

4. Mose 13,1-2.32-33

Nachdem die Kinder Israels durch Gottes starke Hand aus der Gefangenschaft befreit worden waren, hatten sie immer noch ein Problem. Sie wussten nicht, wer sie waren. Durch die Augen der Furcht sahen sie sich selbst als unbedeutende Heuschrecken in einer Welt voller Riesen. Gott wollte ihnen die Früchte des Landes zeigen, das einmal ihnen gehören sollte, ein Land, das von Gutem überfloss, ein Land voller Milch und Honig. Die Frucht, die Gott ihnen geben wollte, war ein Erbteil, eine Zukunft und eine Hoffnung. Er gab ihnen damit ein Ziel und eine bemerkenswerte Bestimmung.

Leider bekam jene Generation aufgrund ihrer Perspektive nur einen kleinen Vorgeschmack jener Früchte und konnte das Land nicht in Besitz nehmen. Es ist ein großer Unterschied, ob ich gelegentlich ins lokale Lebensmittelgeschäft gehe und dort eine kleine Tasche voller Obst kaufe oder ob ich tatsächlich einen Obstgarten besitze. Sobald ich das Land besitze, kann ich jederzeit, wenn ich will, Früchte ernten.

Vor ungefähr sechs Jahren belegte ich einen Fortgeschrittenenkurs in Gartenbau. An einem der Kurstage ging es um Heuschrecken. Der Lehrer erklärte, dass Heuschrecken manche Pflanzen, wie unseren Weinstock, komplett zerstören können. Er führte weiter aus, sie würden alle Blätter am Weinstock auffressen, könnten aber die Frucht selbst nicht fressen. Ihre Kauorgane sind dazu zu schwach. Sie können bis zur köstlichen, süßen und saftigen Traube vorstoßen, ihre Haut jedoch nicht durchbeißen. Da die Heuschrecken die energieproduzierenden Blätter fressen, stirbt die Pflanze ab und ihre Frucht verdirbt. Anstatt die Frucht zu genießen, vernichten sie auch die Hoffnung der anderen auf die Früchte.

Häufig spricht Gott zu uns und gibt uns kleine Einblicke in die wunderbaren Dinge, die er uns geben will. Er spricht zu uns durch sein Wort, durch prophetische Worte, durch Umstände, durch andere Menschen usw. Er gibt uns neue Wünsche in unsere Herzen und lässt uns Träume und Visionen sehen. Unser Vater will, dass wir uns der guten Dinge, die er für uns geplant hat, bewusst sind, damit wir voller Hoffnung sind. Hoffnung ist das, was uns vorwärts treibt. Hoffnung bewirkt, dass wir nach der Fülle, die Gott für uns hat, verlangen und ihr leidenschaftlich nachjagen. Hoffnung bringt uns dahin, dass wir Gott sogar dann vertrauen, wenn wir diese Fülle noch nicht erleben.

Gott wird dir immer die Hoffnung geben, die du brauchst, um aus dem Glauben heraus zu agieren und Angst und Zweifel zu überwinden. Danach wird Gott dir Autorität über die Dinge geben, die du überwunden hast. Wenn du in den Kampf ziehst und gewinnst, wird das Land in deinen Besitz übergehen.

Persönliche Anwendung

1. In welchen Bereichen fühle ich mich wie eine Heuschrecke? Verbringe Zeit allein mit Gott und frage ihn, wie er dich in jenen Bereichen sieht.

2. Von welchem Gebiet möchte Gott, dass ich es für sein Königreich einnehme?

3. Welche Zeugnisse (frühere Früchte) kann ich benutzen, um mich an die wunderbaren Pläne, die Gott für mich hat, zu erinnern?

4. Gibt es in meinem Leben irgendwelche Heuschrecken, die meine Hoffnung zu stehlen scheinen? Wie soll ich mit ihnen umgehen?

Proklamiere heute:

Ich bin keine Heuschrecke. Ich bin ein Riesentöter. Ich werde alles, was mir widersteht, überwinden, denn Gott sagt: Keine Waffe, die gegen mich gerichtet ist, wird Erfolg haben. Ich besitze nun das Land, das ich überwunden habe, und die Frucht gehört mir. Meine Hoffnung ist im Herrn und seine Verheißungen tragen mich.

KAPITEL 41

Durch Liebe erweitert

Von Chino

Heutiger Bibeltext

Dass der Christus durch den Glauben in euren Herzen wohne und ihr in Liebe gewurzelt und gegründet seid, damit ihr imstande seid, mit allen Heiligen völlig zu erfassen, was die Breite und Länge und Höhe und Tiefe ist, und zu erkennen die die Erkenntnis übersteigende Liebe des Christus, damit ihr erfüllt werdet zur ganzen Fülle Gottes.

Epheser 3,17-19

Gott wird uns als Gläubige herausfordern, damit unsere Herzen durch seine Liebe weiter werden. Bedenke: Gott ist Liebe, und zwar durch und durch. Es ist sein Verlangen, uns zu strecken und zu dehnen, damit wir zu einem tiefgehenden Verständnis dieser Liebe kommen. Gott ist unendlich. Er hat kein Ende und er wird durch nichts eingeschränkt. Wie können wir glauben, ein kleines geistliches Fundament reiche aus, um alles zu fassen, was Gott in uns hineinlegen will, wenn er so groß und unermesslich ist? Gott weiß, dass wir gestreckt und ausgedehnt werden müssen, damit wir sein Herz, seine Liebe und seine Person in einem höheren Maß aufnehmen können.

Ich glaube, dass er unsere Entscheidungen und Entschlüsse im Leben dazu benutzt, um uns zu strecken. Ich glaube nicht, dass Gott sich wegen unserer Fehler Sorgen macht, da er uns verheißt, dass alle Dinge für uns zum Guten mitwirken. Warum wirken alle

149

Dinge zum Guten mit? Weil Gott weiß, dass egal, was passiert, alles dazu verwendet werden kann, seine Pläne in unserem Leben zu erfüllen. Egal, ob es sich nun um Gefängnis, psychische Probleme, Süchte, Tragödien usw. handelt: Alles kann dazu mitwirken, uns herauszufordern und zu strecken. Diese Dinge sind zwar nicht von Gott gewirkt, aber er gebraucht sie einfach, weil sie die Frucht der Erfahrung hervorbringen. Dadurch kommt die Frucht des Geistes in unserem „Erweiterungsprozess" zum Vorschein. Gott liebt den Prozess.

Persönliche Anwendung

1. Wie fühlt es sich an, wenn Gott mich streckt und dehnt?

2. Heiße ich diesen Prozess willkommen und füge ich mich ihm?

3. Wie hat sich die Frucht des Geistes inmitten schwieriger Umstände in meinem Leben gezeigt?

4. Wer will Gott für mich sein?

Bete heute Folgendes

Vater, als dein Sohn / deine Tochter sage ich Ja zu deinen Wünschen, Plänen und Zielen für mein Leben. Ich verkünde gerade jetzt deine Güte und lade dich ein zu kommen. Danke, dass du mich streckst und dehnst. Das hilft mir, deine Liebe noch viel tiefer zu verstehen.

KAPITEL 42

Wer kann dich verurteilen?

Von Thomas

Heutiger Bibeltext

So gibt es jetzt keine Verdammnis mehr für die, welche in Christus Jesus sind, die nicht gemäß dem Fleisch wandeln, sondern gemäß dem Geist.

Römer 8,1 (SLT)

Wer wird gegen Gottes Auserwählte Anklage erheben? Gott ist es, der rechtfertigt.

Römer 8,33

Solltest du für deine vergangenen Übertretungen verurteilt und bestraft werden? Lebst du immer noch mit der Angst vor dem Gericht Gottes, als würde er nur darauf warten, dich in die Hölle zu schicken? Es ist Gott selbst, der uns als unschuldig erklärt. Wie viel einfacher kann es noch werden? Der Richter des Universums sagt, dass du aus seiner Sicht durch das Blut seines Sohnes unschuldig und gerechtfertigt bist.

Als Männer und Frauen müssen wir genau verstehen, was unsere Identität in Christus ist und wer unser Vater ist. Wir müssen unsere Verdammnis und Scham über unsere sündige Natur abschütteln und zurückweisen, da sie uns nicht länger definiert. Jene Person ist gestorben. In dem Moment, als wir das Blut Jesu für uns in Anspruch genommen haben, wurden wir zu geheiligten Gläubigen, zu Heiligen, und als von Sünde befreit erklärt! Satan hat Männer und Frauen des Königreichs so fertiggemacht und verängstigt, in ihrer Identität als Kinder des Königs zu leben, weil andere denken könnten, sie wären stolz. In Daniel 4 wurde Nebukadnezar, nachdem er Gottes Autorität in seinem Leben anerkannte, noch mächtiger und größer als je zuvor.

Wir sind die siegreichen Helden im Königreich. Wir müssen beginnen, unsere Identität auszuleben, damit sich unsere Zuversicht und Ehre auch in den kommenden Generationen niederschlägt und wir somit ein Vermächtnis schaffen, das mehr als ein paar Generationen überdauert. Wir sind die Erben des Königreichs und wurden dafür geschaffen, wie der Löwe von Juda zu brüllen. Wir haben den Geist Gottes in uns, etwas, worauf die Welt reagiert. Wir sollten solche sein, nach denen sich alle Köpfe umdrehen und fragen: „Wer ist das denn?", da sie die Veränderung in der Atmosphäre spüren, wenn wir den Raum betreten. Wir sind Sieger in Christus, diejenigen, die mit hocherhobenen Köpfen wie Helden auftreten, da wir der Kopf und nicht der Schwanz, die Verleihenden und nicht die Schuldner sind. Wir sind die Königskinder, die nicht arrogant, sich aber ihrer Identität bewusst und im Vater gegründet sind. Dies wird Männer und Frauen zu Gott ziehen: nämlich der Friede, der von einer im Vater ruhenden Identität kommt.

Wir sollten nicht mit gesenkten Köpfen herumlaufen, wie es uns die Religion vorschreibt, als wären wir verprügelt worden und als würde das ganze Gewicht dieser Welt auf unseren Schultern lasten. Denn ganz ehrlich: Wer will denn wie ein ausgepeitschter Sklave werden, der eine schwere Last trägt? Du bist nicht länger verdammt, sondern durch das Blut Christi gerechtfertigt. Religion möchte, dass wir uns auf den blutigen, gebrochenen und durch das Kreuz gepeinigten Jesus konzentrieren. Dieser Teil des Evangeliums ist auf alle Fälle wichtig, da es uns den Preis aufzeigt, den Jesus zu bezahlen bereit war. Es zeigt uns, wie weit Gott gegangen ist und wie viel er gegeben hat, um uns zurückzubekommen. Das ist aber nicht das Ende der Geschichte. Mein Jesus ist der Eine, der das Kreuz überwand, als er starb, der in die Hölle ging, der dem Teufel gehörig den Hintern versohlte und ihm alles nahm, was ihm nicht gehörte, der der ganzen Hölle die Wahrheit verkündigte, den Tod besiegte, am dritten Tage auferstand, siegreich in den Himmel aufstieg und sich dann zur Rechten des Vaters setzte!

Du bist eine neue Schöpfung, unschuldig und ein Erbe des Königreiches Gottes. Fang an das zu glauben und lebe als jemand, der nicht länger verurteilt, sondern lebendig ist. Du hast ihn zu viel gekostet, als dass du dein Leben nicht auf diese Weise leben solltest!

Persönliche Anwendung

1. Warum erklärt Gott, dass diejenigen, die auf Christus vertrauen, gerecht und von ihm angenommen sind?

2. Was bedeutet es, dass mich Gott selbst gerechtfertigt hat? Glaube ich es?

3. Wäre ich ein feindlicher König, wen würde ich mehr fürchten: einen Sklaven im Palast eines anderen Königs oder den Sohn bzw. die Tochter des Königs, die sich ihrer Identität und Autorität bewusst sind?

Proklamiere heute:

Ich bin ein Erbe des Königreiches Gottes. Ich bin der Kopf und nicht der Schwanz, der Verleihende und nicht der Schuldner. Ich bin ein Kind des Königs der Könige. Der König hat mich für unschuldig erklärt. Ich bin nicht länger verurteilt. Ich bin mir meiner Identität bewusst und werde in ihr leben. Ich werde den nach mir kommenden Generationen ein Vermächtnis hinterlassen.

KAPITEL 43

Die Identitäts-Ohrfeige

Von Richard

Heutiger Bibeltext

Seht, welch eine Liebe hat uns der Vater erwiesen, dass wir Kinder Gottes heißen sollen!

1. Johannes 3,1 (SLT)

Klatsch! Dieser hässliche Klang, der ertönt, wenn dich deine gott-gegebene Identität zurück in die Realität ohrfeigt, um dich daran zu erinnern, wer du wirklich bist, wenn du dich nicht so benimmst. Vergiss niemals, dass du sogar in den schlimmsten Situationen ein kostbares Kind des Allerhöchsten bist. Die Probleme kommen erst, wenn wir vergessen, auch als solches zu leben.

„Tom macht mich so wütend!" Seine Handlungen können frust-rierend sein und dich zornig machen, aber ist es richtig, so darauf zu reagieren? Die Taten einer anderen Person sind keine Ent-schuldigung dafür, dass wir zornig reagieren. Unsere Identität sollte auf dem unerschütterlichen Fundament der Güte Gottes gegründet sein. Sobald wir Gottes Güte verstehen und aus dieser Realität heraus leben, werden wir erleben, dass seine Güte die Qualität hat, uns durch jede Situation hindurchzutragen. Wenn wir diese Wahrheit beherzigen, dann werden wir keine Identitäts-Ohrfeige mehr fürchten müssen. Wir werden dann wissen, wer wir in Gottes Königreich sind, und werden uns auch dementsprechend benehmen. Das bedeutet, dass wir aus Ehre, Liebe und Respekt für andere handeln. Kurz gesagt: Wir werden die Frucht des Geistes, die in Galater 5,22-23 aufgeführt wird, ausleben. Wenn du also bitter, zornig oder unversöhnlich bist, dann bereite dich darauf vor, geohrfeigt zu werden. Deine Identität als Kind Gottes wird sich dir zu erkennen geben, und die Überführung des Heiligen Geistes wird dich daran erinnern, dass du so viel besser bist, als du dich gerade verhältst.

Persönliche Anwendung

1. Kenne ich meine Identität im Königreich Christi wirklich? Was ist sie? (Hinweis: Du bist weitaus mehr geliebt, als du es jemals wissen bzw. verstehen wirst.)

2. Was bestimmt in einer angespannten und unerträglichen Situation mein Verhalten: meine Identität oder etwas anderes?

3. Bin ich schon einmal von meiner Identität geohrfeigt worden? Falls ja, habe ich diese Warnung beachtet und mein Verhalten geändert? Haben mich diese Ohrfeigen etwas Nützliches gelehrt?

Bete heute Folgendes

Mein Gott und Vater, ich verlasse mich auf deine übernatürliche Kraft, um in der Identität und dem Ebenbild Christi zu bleiben, egal, mit welchen Umständen ich konfrontiert bin. Nur du, Gott, kannst ein steinernes Herz in ein Herz aus Fleisch und Blut verwandeln, und ich danke dir, dass du meines veränderst.

Ich erkläre heute, dass ich mich mehr wie Jesus verhalten werde, weil ich gut bin. Ich bin eine neue Schöpfung.

KAPITEL 44

Nie vernachlässigt

Von Mark

Heutiger Bibeltext

Wie wollen wir entfliehen, wenn wir eine so große Errettung missachten? Diese wurde ja zuerst durch den Herrn verkündigt und ist uns dann von denen, die ihn gehört haben, bestätigt worden.

Hebräer 2,3 (SLT)

Schon bald nach meiner Bekehrung war ich von Hebräer 2,3 fasziniert. Der Herr lenkte meine Aufmerksamkeit besonders auf den ersten Teil dieses Bibelverses, auf eine Weise, wie nur er das kann. *„Wie wollen wir entfliehen, wenn wir eine so große Errettung missachten?"* Während ich wie gebannt über diese Worte meditierte, schlug mir der Heilige Geist vor, ich solle doch das Wort Errettung mit dem Wort Beziehung austauschen. Dann hieße es: „Wie wollen wir entfliehen, wenn wir eine so groß(artige) Beziehung missachten bzw. vernachlässigen?"

Genial! Plötzlich wurde mir klar, dass es bei der Errettung vor allem um die Beziehung zu unserem himmlischen Vater geht. Da ich wusste, dass sich in Beziehungen alles um die Liebe dreht und Gott ja Liebe ist, verstand ich nun, was gemeint war. Wir lieben, da er uns zuerst geliebt hat und ohne Liebe ist alles, was wir tun, umsonst.

Wenn ich Gott vertraue, dass er mir dabei hilft, eine Beziehung zu ihm aufzubauen, dann kann ich auch in den anderen

Beziehungen meines Lebens treu sein. Der Schöpfer der ganzen Schöpfung sehnt sich nach einer Beziehung zu mir, und durch diese Beziehung kann ich Beziehungen zu anderen pflegen. Jeden Tag wache ich motiviert auf, weil ich weiß, dass mein himmlischer Vater schon Wege vorbereitet hat, wie ich ihm dabei helfen kann, seine Liebe und Herrlichkeit anderen Menschen zum Ausdruck zu bringen.

Wenn wir das, was Gott uns gegeben hat, nicht geringschätzen, erschaffen wir gemeinsam mit ihm. Von ihm werden wir niemals geringgeschätzt und deshalb sollten auch wir ihn nie geringschätzen.

Persönliche Anwendung

1. Wie wichtig ist es, eine Beziehung (zu Gott?) zu haben, um ein Leben zu führen, das Frucht bringt?

2. Was ist das Beste an einer Beziehung?

3. Kann ich der Welt vertrauen, dass sie mich etwas über gute Beziehungen lehrt?

4. Hat Gott mich je geringgeachtet?

Proklamiere heute

Abba, mein himmlischer Vater, sehnt sich nach einer Beziehung zu mir, durch die seine Herrlichkeit in meiner Umgebung zum Ausdruck kommt. Ich pflege eine gute Beziehung zu Gott und kann von ihm lernen, wie ich großartige Beziehungen zu anderen entwickeln kann. Mit jeder neuen Beziehung vertraut mir Gott ein weiteres seiner Kinder an. Ich bin von Gott geliebt und deshalb ist es mir eine Freude, auch andere zu lieben.

KAPITEL 45

Freiheit bringt Stärke

Von Nets

Heutiger Bibeltext

Der Herr aber ist der Geist; und wo der Geist des Herrn ist, da ist Freiheit.

2. Korinther 3,17 (SLT)

Als ich von meinem Gangsterleben befreit wurde und anfing, Zeit mit Gott zu verbringen, befreite er mich auch von meinen Ängsten und von der Schwere der Sünde, die auf meinem Herzen lastete. Er gab mir stattdessen eine solche Freude über die gewonnene Freiheit, wie ich sie niemals zuvor erfahren hatte. Seitdem bin ich nicht mehr derselbe.

Eines der wichtigsten Dinge, um als Christ frei zu bleiben, ist das ständige Bewusstsein der Gegenwart des Heiligen Geistes in uns. Der Heilige Geist ist immer in uns gegenwärtig. Er lebt in uns und durch uns und ist deshalb auch immer da. Um in ihm zu bleiben, müssen wir jedoch lernen, uns auf ihn und seine Stimme „einzustellen" und zu erkennen, was er gerade tut. Gerade in der Gegenwart des Heiligen Geistes werden die Werke des Feindes zerstört, die Ketten und die Joche zerbrochen und die Festungen des Feindes niedergerissen. Lügen werden durch Wahrheit und Finsternis wird durch Licht ersetzt. Die Freiheit führt dann auf ganz natürliche Weise zur Freude. Dies ist der Grund, warum es in Psalm 16:11 (NEÜ) heißt: *„Und wo du bist, hört die Freude nie auf."* Ich bin noch nie einem Menschen begegnet, der freigesetzt wurde und sich nicht darüber gefreut hätte. Diese Freude führt dann wiederum zu Stärke. Genauso, wie es auch in Nehemiah 8,10 (SLT) geschrieben steht: „*Die Freude am Herrn ist eure Stärke.*"

Die bewusste Entscheidung, unser Herz und unsere Zuneigung Gott zuzuwenden, indem wir in allem, was wir tun, seine Gegenwart erkennen, resultiert in einer Freiheit, die wiederum eine Stärke nach sich zieht.

Persönliche Anwendung

1. Wie kann ich mir der Gegenwart des Heiligen Geistes ständig bewusst sein?

2. Nimm dir Zeit, um mit Gott alleine zu sein und empfange seine Freiheit.

3. Bin ich in der Lage, mich auch in den schweren Zeiten an Gottes Güte erfreuen?

4. Woher kommt meine Stärke? (Lies Psalm 18,1-3)

Proklamiere heute:

Ich bin mit Gottes Geist erfüllt und deshalb frei, ihn anzubeten, ihm zu dienen und all das zu sein, wofür Gott mich geschaffen hat. Ich habe eine Freude, die mir die Kraft verleiht, mich sowohl auf den Gipfeln als auch in den Tälern zu freuen, da es Gottes Kraft ist, die mich bewahrt.

KAPITEL 46

Alles dreht sich um Beziehungen

Von Paul

Heutiger Bibeltext

Dies aber ist das ewige Leben, dass sie dich, den allein wahren Gott, und den du gesandt hast, Jesus Christus, erkennen.

Johannes 17,3

Unsere Beziehung zu Gott ist einzigartig. Wir können sie mit keiner anderen Beziehung in unserem Leben vergleichen. Denke einmal darüber nach. Unser Leben wird von Beziehungen bestimmt. Jeden Tag machen wir Lebenserfahrungen durch die Beziehungen, die wir zu Dingen oder Menschen haben. Wir wachen auf, weil wir eine Beziehung zu unserem Smartphone bzw. seiner Wecker-App haben. Wir haben Beziehungen zu Firmen aufgrund unserer Erfahrungen mit ihnen. Wir haben Beziehungen zu Menschen, ob dies nun Freunde, Familienangehörige, Fremde oder Mitarbeiter sind. Im Allgemeinen verhält es sich so: Je mehr wir über eine Person bzw. Sache wissen, desto tiefer ist auch unsere Beziehung zu ihr. Je besser ich meine Freunde kennenlerne, desto stärker und enger wird auch unsere Beziehung. Je mehr ich über mein Smartphone und dessen verschiedene Funktionen in Erfahrung bringe, desto nützlicher und praktischer wird es für mich.

In meiner Beziehung zum himmlischen Vater verhält es sich genauso. Je mehr ich ihn kennenlerne, desto näher kommen wir uns und desto stärker wird unsere Beziehung. Je mehr ich davon weiß, was mein himmlischer Vater tun möchte, desto mehr werde ich beten und desto mehr Wunder werde ich erleben. Doch was unterscheidet nun meine Beziehung zum Vater von allen anderen Beziehungen? Es ist eine innerliche Beziehung. Bei allen anderen Beziehungen in meinem Leben geht es um Dinge oder Menschen, die sich außerhalb von mir befinden. Aber Gott lebt in mir – im wahrsten Sinne des Wortes! Je besser ich ihn kenne, desto mehr werde ich wie er und desto mehr wird er in mir lebendig werden. Was er mir über sich offenbart, wird ein Teil von mir; ich übernehme diese Eigenschaft seines Wesens. Damit werde ich die Offenbarung Gottes auf Erden.

Indem wir in unserer Erkenntnis von ihm wachsen, werden wir mit seinem Geist erfüllt (vgl. Eph 5,18). Wenn wir jedoch nicht aufpassen, dann kann es uns passieren, dass unser Verlangen nach ihm fast unmerklich durch unser Verlangen nach Dingen ersetzt wird, die mit ihm zu tun haben. Dies könnten Gelegenheiten zum geistlichen Dienen, Gemeindewachstum, Bibelwissen oder auch ein besonderer Ruf usw. sein. Dies sind alles gute Dinge, sie sind jedoch nicht Gott selbst.

Ich ermutige dich, dir in deinem Herzen vorzunehmen, es zum alleinigen Mittelpunkt deines Lebens zu machen, Gott zu erkennen. Nimm dir in deinem Herzen vor, alles aufzugeben, nur um sein Herz kennenzulernen. Indem du ihn immer besser kennenlernst, wirst du mit seinem Frieden und der Kraft seines Wesens erfüllt. Du wirst an jenen Ort der Gnade und der Ruhe kommen, an dem jeder Kampf aufhört.

Der Zweck des Kreuzes war, unsere Beziehung mit unserem himmlischen Vater wiederherzustellen. Um der Beziehung willen ist Jesus gestorben. Er gab alles, was er hatte, damit wir das ewige Leben erhalten konnten, und das bedeutet: *„dass sie dich, den allein wahren Gott, und den du gesandt hast, Jesus Christus, erkennen."* (Joh 17,3).

Persönliche Anwendung

1. Gab es eine Zeit in meinem Leben, als Gott mir eine bestimmte Eigenschaft seines Wesens (z. B. als Heiler, Versorger, Friede) offenbarte, und ich diese dann auszuleben begann und anderen gegenüber praktizierte?

2. Welche praktischen Möglichkeiten gibt es, mein Herz zu schützen und sicherzustellen, dass ich in der Erkenntnis Gottes wachse?

3. Wie bewirkt das Erkennen Gottes, dass ich mehr im Überfluss wandle? Wie sieht dies in meinem Leben aus?

Bete heute Folgendes

Vater, ich will dich besser kennenlernen. Ich bete, dass du mir dein Wesen in immer größerem Maße offenbarst. Ich möchte, dass meine Beziehung zu dir in meinem Leben oberste Priorität hat. Bitte zeige mir, wie ich in unserer gemeinsamen Beziehung wachsen kann. Amen.

KAPITEL 47

Daneben

Von Dewitt

Heutiger Bibeltext

Jesus aber sprach zu ihm: Niemand, der seine Hand an den Pflug gelegt hat und zurückblickt, ist tauglich für das Reich Gottes.

Lukas 9,62

Hass, Lügen, Betrug, Gewalt und Egoismus ohne Erbarmen oder Reue, das war meine Welt, und dennoch hatte ich irgendwie immer das Gefühl, fehl am Platz zu sein oder daneben zu liegen. Durch das Gefängnis wurden diese Charaktereigenschaften in mir bis zur Kunstfertigkeit gesteigert, und dennoch war ich nie zufrieden und fühlte mich nie dazugehörig. Ich dachte, dass ich auf alles eine Antwort hätte, aber die Antwort entglitt mir immer wieder, bis Gott dafür sorgte, dass ich die richtige bekam.

Im Juli 2012, als meine Enkeltochter zwei Jahre und acht Monate alt war, stellte mir meine Tochter eine Frage. Ich hatte den Großteil der Lebenszeit meiner Tochter im Gefängnis verbracht. Sie wollte von mir wissen, ob ich durch das Gefängnis nun auch von meiner Enkelin getrennt sein würde. Ich liebe meine Tochter und meine Enkelin, doch da ich nicht wusste, wie ich vom Gefängnis fernbleiben konnte, um ihnen diese Liebe zu beweisen, steckte ich in einem Dilemma.

Als mir diese Frage gestellt wurde, hatte ich nämlich bereits geplant, zwei Leute niederzustechen, die mir in die Quere gekommen waren. Da ich bereits eine lebenslange Haftstrafe verbüßte, wäre dies die Garantie dafür, nie mehr aus dem Gefängnis herauszukommen.

Da ich nicht die Kraft hatte, meinen Stolz zu überwinden, ging ich in dieser Nacht in meine Zelle, um das erste Mal in meinem Leben Gott anzurufen. Ich hatte noch nie in der Bibel gelesen. In jener Nacht weinte ich wie ein Baby und dies zum ersten Mal seit über 40 Jahren. Gott empfing mich wie der Vater in der Geschichte vom verlorenen Sohn. Einige Zeit später fand ich mich mit den beiden Leuten, denen ich etwas hatte antun wollen, sogar im selben Wohnheim wieder und konnte ihnen von der Liebe und Vergebung Jesu Zeugnis geben.

Nun, vier Jahre später, habe ich die Bibel bereits sechs Mal vollständig durchgelesen, habe in einem Wohnheim mit Gläubigen ein Bibelstudium geleitet und auch an einer *Emmaus-Wanderung* sowie einem *Kairos Wochenende*[1] teilgenommen. Außerdem bin ich nun einer der verantwortlichen Mitarbeiter der *School of Supernatural Ministry* (Schule für den übernatürlichen Dienst) unter der Leitung der Bethel Gemeinde in Redding, Kalifornien.

Benehme ich mich manchmal immer noch daneben? Natürlich, aber ich weiß nun, wie ich mich auf die Worte Jesu in Lukas 9,62 stellen kann, wo es heißt: *„Niemand, der seine Hand an den Pflug gelegt hat und zurückblickt, ist tauglich für das Reich Gottes."*

Persönliche Anwendung

1. Woher weiß ich, ob ich am falschen Ort bin bzw. mich falsch benehme?

---

[1] Kurse des Kairos-Gefängnisdienstes von Vacaville, Kalifornien. Siehe auch: http://www.kairoscmfvacaville.org/section.php?type=Weekend. Anmerk. d. Übers.

2. Wie kann ich zur Herrlichkeit Gottes zurückkehren?

3. Wie spüre ich seinen Geist des Friedens und der Liebe, wenn ich zu ihm zurückkehrt bin?

Bete heute Folgendes

Gott, ich danke dir, dass du mich überführst, wenn ich mich danebenbenehme, und dass du mich mit Liebe empfängst, wenn ich zu dir zurückkehre.

ÜBER DEN AUTOR

Chris und Liz Gore stammen aus Neuseeland, wohnen seit zehn Jahren in Redding, Kalifornien, und sind dort Teil der Bethel-Gemeinde. Eine ihrer größten Leidenschaften ist es, dass Menschen von Krankheit und Leiden befreit werden und dass der Leib Christi in allem zugerüstet wird, damit Jesus das bekommt, wofür er gestorben ist. Am allermeisten wünschen sie sich jedoch, dass alle Gläubigen im täglichen Überfluss des Himmels leben.

Folge Chris auf Facebook: www.facebook.com/ChrisGoreNZ

Weitere Bücher von Chris Gore:

In Gottes Heilungskraft leben (Buch)
In Gottes Heilungskraft leben (Arbeitsbuch)

Webseite: **www.kingdomreleasers.org**

Weitere Bücher aus der Bethel Church

Chris Gore, In Gottes Heilungskraft leben

Wenn Zeichen und Wunder ganz natürlich von uns ausgehen; 160 S., Pb.

In Gottes Heilungskraft zu leben und zu wirken, ist einfacher, als wir denken. Chris Gore versucht mit diesem Buch den Heilungsdienst zu „entschlüsseln" mit dem Ziel, dass jeder Christ effektiv für einen Lebensstil der Heilungen und Wunder zugerüstet und aktiviert werden kann.

Wirklich den Charakter Gottes zu kennen, Hindernisse für einen solchen Lebensstil zu überwinden und lernen, darauf zu vertrauen, dass Gott das Übernatürliche tut, sind nur einige der Themen, die angesprochen werden.

Eine wesentliche Erfahrung von Chris Gore ist dabei, dass Durchbrüche im Bereich Heilung darauf beruhen, dass wir eine innige Beziehung zu Gott pflegen und von ihm unsere Identität empfangen. Wenn wir uns darüber im Klaren sind, *wer* wir sind und *wessen* wir sind, werden wir große Fruchtbarkeit erleben.

In Gottes Heilungskraft leben (Arbeitsbuch)

136 Seiten, Pb.; A4-Format

Zu obigem Buch ist auch ein Arbeitsbuch im A4-Format erschienen, das sowohl für das Studium in Kleingruppen, Seminaren oder Bibelschulen als auch für das Selbststudium gedacht ist.

Die Themen des Buches werden so aufbereitet, dass der Lernende die Inhalte besser verstehen, verinnerlichen und leichter in die Praxis umsetzen kann.

Insbesondere Mitarbeiter von Heilungsteams, Heilungsräumen usw. werden stark davon profitieren.

Cal Pierce, Eine Vision für Heilungsräume

Wenn Heilung durch Gebet so normal wird wie ein Arztbesuch
120 S.; Paperback

Welche Antworten hat die christliche Gemeinde auf die zunehmenden „unheilbaren" Krankheiten? 80 Jahre, nachdem John G. Lake damit begonnen hatte, in Spokane sogenannte Heilungsräume („healing rooms") einzurichten, wurde Cal Pierce von Gott geführt, diese Räume wiederzueröffnen. Viele Tausende haben dort inzwischen eine heilende Begegnung mit Gott erlebt. Er erzählt die packende Geschichte, wie es dazu kam, und vermittelt gleichzeitig die Vision für solche Heilungsräume weltweit.

Barry & Lori Byrne, Liebe in der Ehe

Eine tiefere geistliche, emotionale und körperliche Einheit erleben; Vorwort von Bill Johnson; 334 S., Klappenbroschur

Gott möchte, dass die Ehe ein Ort echter Liebe und Vertrautheit ist. Dafür brauchen wir die Hilfe des Heiligen Geistes. Mit ihm können wir die Ursachen unserer Konflikte erkennen und überwinden. Unsere Ehe kann Heilung und Wiederherstellung erfahren, egal, wie der momentane Zustand ist.

Mit klarer biblischer Lehre und vielen praktischen Hilfen packen die Autoren die wichtigsten heißen Eisen an. Viele ermutigende Erfahrungsberichte verdeutlichen die dramatische Heilung und Intimität, die mit Gottes Hilfe möglich ist.

Danny Silk, Erziehung mit Liebe und Vision

Herzensbeziehungen eingehen statt Machtkämpfe austragen
Vorwort von Bill Johnson; 170 S., Pb.

Danny Silk fordert uns in unserem bisherigen Denken über Liebe, Disziplin und Respekt, ja in unserer generellen Vorstellung von Kindererziehung heraus. Er stellt eine Denk- und Lebensweise vor, die eine Leichtigkeit und Frieden in unsere familiären und sonstigen Beziehungen bringt.

Unser Herz spielt dabei die zentrale Rolle. Das Herz der Eltern und das Herz der Kinder. Wenn beide Seiten verstehen, wie sich ihr jeweiliges Verhalten auf das Herz des anderen auswirkt, werden die Herzen geschützt und Beziehungen können gedeihen.

Judy Franklin / Beni Johnson, Den Himmel erleben

Wie wir in Gottes Dimension eintreten können
Vorwort von Bill Johnson; 200 S., Pb.

Judy Franklin, die Sekretärin von Bill Johnson, versteht es meisterhaft, die christliche Gemeinde zu ihrem ursprünglichen Auftrag, im Geist zu leben, zurückzuführen. Ihr Buch liest sich wie eine Schatzkarte, die einen vom Chaos dieser Welt zu übernatürlichen Erfahrungen führt.

Aufgrund ihrer Kindheitserlebnisse hatte Judy Franklin lange Zeit gedacht, sie sei dumm und könne nicht geliebt werden. In diesem Buch berichtet sie, wie Gott sie in die himmlische Welt sehen ließ und ihr persönlich begegnete, sodass sie diese Erfahrungen überwinden konnte.

Die praktischen Tipps und Anleitungen helfen Ihnen, den Vater sehr persönlich kennenzulernen. Die Autorin berichtet, wie sie Hindernisse zu dieser Erfahrung überwand, und bezeugt dadurch Gottes Kraft zu heilen und seine liebevolle Freundlichkeit und Güte gegenüber allen, die sich danach sehnen, ihn zu kennen und eine tiefere Vertrautheit mit Christus zu erleben.

Chris Overstreet, Übernatürlich evangelisieren

Ein Handbuch für die Praxis; 160 S., Paperback;
Vorwort von Bill Johnson

Übernatürlich evangelisieren hat das Potenzial, in uns das Feuer der Liebe Gottes zu entzünden, um Menschen, die Gott nicht kennen, mit seinem Herzen und seiner Kraft in Berührung zu bringen. Wir lernen uns ganz praktisch in das einzuklinken, was Gott mit den Menschen vorhat, denen wir im Alltag begegnen – wie es auch Jesus getan hat.

Zu den behandelten Themen gehören: Eine Reich-Gottes-Mentalität pflegen | Grundwerte des Evangelisierens | Wie wir Menschen zum Herrn führen können | In der Öffentlichkeit für Kranke beten | Prophetisches Evangelisieren | Angst und Ablehnung überwinden. Jedes Kapitel schließt mit einem Anwendungsteil, um das Gelernte zu reflektieren, in der Gruppe zu besprechen und im Alltag anzuwenden.

Paul Manwaring, Die Herrlichkeit Gottes

Was sie ist und wie unser Leben davon geprägt sein kann
260 S.; Paperback; Vorwort von Bill Johnson.

Gott hat eine Leidenschaft: Er möchte, dass wir seine Herrlichkeit kennen, und zwar schon hier auf Erden!

Paul Manwaring, der Leiter des apostolischen Netzwerk der Bethel Church, beschreibt seinen Weg in dieses Verlangen Gottes hinein. Er verfolgt die Spuren der Offenbarung von Gottes Herrlichkeit durch die Bibel hindurch und lädt uns ein, Moses Wunsch an Gott zu folgen: „Zeige mir deine Herrlichkeit."

„Dies könnte das ermutigendste Buch sein, das Sie je lesen werden" (Bill Johnson).

Heidi Gneiting, Ich mache dir eine Tür auf

Unterwegs zu den Quellen Gottes. Mein Jahr in der Bethel Church in Redding; 160 S.; Paperback

Wie die Sicht der Autorin von Gott und seinem Reich in einem Umfeld von Erweckung entscheidend verändert wurde und was es bedeutet, „vom Himmel her zu leben", wird dem Leser in Form eines sehr persönlichen Reiseberichts vermittelt.

Viele Wunder begleiten die Autorin auf ihrem Weg zu den Quellen Gottes und malen dem Leser die Größe und Genialität Gottes vor Augen. Leben in einer „Kultur der Ehre", der Wertschätzung und Ermutigung, wie es in der Bethel-Gemeinde Lebensstil ist, rückt plötzlich in greifbare Nähe.

Das ermutigende Fazit: Das alles kann man auch in Europa (er)leben. Gott hat schon alles vorbereitet.

Bill Johnson / Randy Clark, Berufen zu heilen I

Grundlagen und Praxis des Gebets für Kranke, 240 S., Pb.

Jeder Christ kann von Gott gebraucht werden, um anderen Heilung zukommen zu lassen. Das ist das Anliegen der beiden Autoren. Dazu berichten Sie, wie Gott sie in den Heilungsdienst hineinführte, und legen anschließend klare biblische Grundlagen für das Heilungsgebet. Im umfangreichsten Teil gehen sie auf verschiedene Aspekte ein, die für eine Heilung förderlich sind, erläutern, wie seelische und körperliche Krankheiten zusammenhängen und stellen dann ein in der Praxis bewährtes Modell für das Gebet um Heilung vor, das für alle Christen leicht anwendbar ist.

Bill Johnson / Randy Clark, Berufen zu heilen II

Die Autoren im Gespräch über ihre Erfahrungen und Erkenntnisse aus der Praxis, 180 S., Pb.

Dieses inspirierende, informative, einzigartige und sehr ehrliche Buch enthält viele Geschichten, praktische Erfahrungen und Erkenntnisse, über die die Autoren bisher noch nicht gesprochen oder gelehrt haben. Dazu haben sich die Autoren gegenseitig interviewt. Themen sind u. a.:

Warum und wie sie in den Heilungsdienst geführt wurden | Ihre Erfolge und Misserfolge | Die Durchbruchserlebnisse, die sie vorangebracht haben | Die erstaunlichsten Wunder, die sie erlebt haben | Die wichtigsten Erfahrungen und Erkenntnisse | Bewährte Tipps für einen effektiveren Dienst.

Beni Johnson, Der glückliche Fürbitter

Mit Gott die Welt bewegen, ohne die Freude zu verlieren
Vorwort von Bill Johnson; 180 S., Paperback

Beni Johnson (die Frau von Bill Johnson) nimmt uns mit auf ihre Reise von einer schüchternen Person zu einer kühnen, aber glücklichen Fürbitterin. Gott offenbarte ihr einen Weg, wie sie aus seiner Gegenwart und seiner Liebe heraus in Einklang mit seinem Herzen effektiv beten kann.

Fürbitte muss nicht dazu führen, dass uns die Anliegen, für die wir beten, unter Druck bringen oder emotional beeinträchtigen. Den Himmel auf die Erde zu holen, kann sogar regelrecht Spaß machen. Unmögliches wird plötzlich möglich – ob es dabei um „kleine" Dinge in unserem persönlichen Umfeld geht oder um die Veränderung des geistlichen Klimas über unseren Städten und Nationen.

Bestellen Sie im Buchhandel oder direkt beim Verlag:

GloryWorld-Medien | Beit-Sahour-Str. 4 | D-46509 Xanten
Fon: 02801-9854003 | Fax: 02801-9854004 | info@gloryworld.de

Aktuelles, Leseproben, Downloads & Shop: **www.gloryworld.de**